To.

_____

_____

_____

_____

From

당신의 뇌를
코칭하라

추 교 진
지음

뇌가 바뀌어야
인생이 바뀐다

"인간의 뇌는 정밀 하면서도 그 능력이 아직까지 전부 알려지지 않았다는 점에서 가장 특이한 장치이다."   - 스튜어트 시튼

말과 습관 그리고 생각이 바뀌면 인생이 바뀐다.

과연 이것만이 성공의 정석일까? 정말 위 세가지만 바뀌면 성공하는 인생을 사는 걸까? 말과 생각이 바뀌고 습관이 바뀌는 것은 사실은 뇌가 먼저 바뀌는 것이다.

모든 것은 뇌에 달려 있다.
뇌가 먼저 바뀌어야 한다.

우리는 더 나은 자신의 삶을 위하여 습관을 고치곤 한다. 그러나 습관이 바뀌는 것도 결국은 뇌가 바뀌는 것이다. 뇌가 먼저 달라지고 있는 것이다.

당신의 인생에 있어 성공과 실패는 뇌와 관련되어 있다. 당신의 뇌

를 얼마나 활용하고 능률적으로 사용하느냐에 따라 당신의 하루가
변한다. 당신의 오늘과 내일은 당신의 뇌로 결정되고 있다.

누구나 더 나은 자신의 인생을 위해 삶의 현장에서 열심히 살아가
고 있다. 그러나 대부분 열심히 살아가는 그들의 인생은 크게 바뀌지
않는다. 쳇바퀴 돌듯 변화는 없고 오히려 해가 바뀔수록 그들이 꿈꾸
는 삶과는 점점 멀어져 간다.

이제는 그 어떤 노력 보다 뇌의 기능을 높이고 활용해야 한다. 뇌
를 바꿔 당신이 꿈꾸는 삶을 살아야 한다. 더 이상 습관의 요요를 경
험하고 싶지 않다면 뇌를 혁명해야 한다.

그 획기적이고 명확한 방법이 여기 있다.

하나! 시작하는 뇌.
작게 시작하라. 작게 시작해서 부담을 주지 않고 변화의 시작을 알
릴 수 있다. 작게 변화를 준다면 컴퓨터가 부팅하듯 무리 없이 부드
럽게 뇌를 변화시킬 수 있다.

둘! 즐기는 뇌.

뇌가 바뀌어야
인생이 바뀐다

즐겨라. 모든 변화에는 고통이 따른다. 뇌의 변화도 마찬가지다. 그러나 즐기는 사람은 당해낼 재간이 없다. 변화를 즐기면 자신도 모르게 업그레이드 된 고성능 뇌를 가질 수 있게 된다.

셋! 표현하는 뇌.

표현하라. 우는 아기에게 떡 준다는 속담이 있다. 말 못하는 아기도 울음으로 하고 싶은 말을 표현한다. 머리로만 알고 있는 사람과 표현하는 사람의 뇌는 그 변화 폭도 크다.

넷! 계획하는 뇌.

계획하라. 목적지를 모른다면 헤맬 수 밖에 없다. 아무리 많은 정보와 좋은 습관을 가지고 있어도 자신을 잘 알지 못하면 헤맬 수 밖에 없다. 계획을 세우면 자신만의 로드 맵을 가졌다는 말이다. 계획을 세우면 더 빠른 변화의 지름길로 갈 수 있다.

다섯! 실행하는 뇌.

실행하라. 생각만 있고 행동이 없다면 진정한 변화가 아니다. 움직여야 한다. 더 이상 생각과 계획을 자기 만족으로 끝내지 않아야 한다. 만약 행동 한다면 그것은 현실이 된다.

무작정 따라 하다 예전 생활로 돌아와 버리는 습관. 당신에게 맞지 않는 습관으로 스스로에게 실망하여 좌절에 빠지지 않는 방법!

독서가 사람을 바꾸고 그 사람의 인생을 바꾸듯. 당신의 성공적인 인생을 위해서 뇌를 바꿔야 한다.

뇌가 바뀌면 생각이 바뀌고, 생각이 바뀌면 습관이 바뀐다. 결국 뇌가 변화되어야 한다. 이 책은 세상에서 뇌를 바꾸는 방법 중 가장 쉽고 편하게 소개된 책이다.

당신을 변화시켜 꿈꾸는 대로 당신을 움직이게 하고 그 꿈을 이끌고 갈 힘을 만드는 방법.

모든 성공과 변화의 길은 뇌로 연결되어 이어져 있다. 이 책은 당신의 뇌를 가장 쉽고 빠르게 그리고 혁명적으로 바꿔 줄 것이다.

잊지 마라!
당신의 인생에 있어 성공과 실패는 뇌로 결정된다.

목차

Contents

Chapter

[01]

시작하는
뇌

:

아주 작게 시작해라.
당신의 뇌는 부팅(Booting)한다.

Part 01

묶어두는 부정 VS
날개 달린 긍정

농구 코트에 실험 참가자인 여자가 서 있다. 참가자는 자유투를 10번을 시도했지만 단 한번도 성공 시키지 못했다.

남자: 아까는 눈을 뜨고 공을 던졌지만, 이번에는 안대를 착용하고 공을 던져 보세요. 눈을 가리고 하는 자유투죠.

여자: 맙소사!

남자: 하지만, 당신이 잘 할 수 있을 거예요.

남자: 준비되셨나요?

여자: 네.

남자: 3, 2, 1 !! 와우! 정말 대단해요!! (관중들의 환호!!)

여자: 제가 성공했나요?

남자: 성공했어요!

여자: 정말요? 굉장하네요.

눈을 가리고 두 번의 자유투를 했을 때 그녀는 두 번 전부 성공시켰고, 관중들은 그녀의 성공에 큰소리로 환호했다. 어떻게 된 걸까?

계속 실패만 하던 사람이 어떻게 자유투를 잘하게 된 걸까? 그것도 눈을 가리지 않았을 땐, 단 한번도 성공하지 못한 자유투를 눈을 가리고 성공 시킨 것일까?

사실 달라진 건 아무것도 없었다. 관중들에게 결과와 상관없이 환호하라고 한 것뿐이다.

실험은 다시 눈가리개를 벗고 던지기로 했다.

이 여성 참가자는 지금까지 한 골도 넣지 못했다. 과연 눈을 가리고도 슛을 성공시켰다는 착각만으로 실력이 향상될 수 있을까? 그녀의 두 번째 자유투 도전은 어떻게 될까?

눈가리개를 한 채로도 슛을 성공시켰다는 착각과 관중들의 응원으로 인한 긍정적 강화만으로 이 참가자의 자신감은 올라갔다. 거짓말처럼 자신의 재능을 믿게 된 것이다.

실험에 참가했던 그녀는 10번의 자유투 중 4번을 성공시켰다.

〈네셔널 지오그래픽 브레인 게임4〉

6월과 11월에는 전 세계 슈퍼컴퓨터를 성능에 따라 1위~500위까지 정한 'Top 500' 리스트가 발표된다. Top 500 리스트 중 가장 빠른 슈퍼컴퓨터는 어떤 컴퓨터 일까? 2014년 11월 발표된 슈퍼컴퓨터는 중국이 차지했다. 중국의 톈허2(Tianhe-2, 天河)가 세계에서 가장 빠른 컴퓨터로 1위에 올랐다고 한다. 집채만 한 컴퓨터에서 지금에 이르기까지 컴퓨터는 엄청난 발전을 했다.

더 놀라운 사실은 엄청난 처리 속도를 가지고 있는 슈퍼 컴퓨터보다 그 능력이 무한대인 컴퓨터가 있다. 이 컴퓨터는 당신이 아니면 누구도 켜고 끌 수도 없다. 당신의 명령 한마디에 움직이는 세상 오직 단 한대뿐인 컴퓨터다. 그렇다. 바로 당신의 뇌다.

두 주먹 정도 크기로 우주에서 가장 복잡하고 신비한 신체기관. 젤리처럼 부드럽고 둥글며, 자글자글 주름진 덩어리의 뇌. 도대체 왜 우리의 뇌가 슈퍼 컴퓨터보다 훨씬 더 좋다고 평가 받고 있는 것일까?

우리의 뇌는 약 1조 개(1,000,000,000,000)의 신경세포(뉴런)이 있다. 세기도 힘든 신경세포는 하나 하나가 또 다시, 평균 1천 개의 신경 접점을 가진 슈퍼 바이오 컴퓨터다.

슈퍼 바이오 컴퓨터인 사람의 두뇌를 1초 작동할 때 필요한 계산력을 연구한 결과가 있다. 일본 오키나와 과학기술대학원과 독일 율리히 연구소 공동 연구진은 슈퍼 컴퓨터를 이용해 사람 두뇌에서 중추신경을 작동하는 시뮬레이션 실험을 했다.

사람의 두뇌가 1초간 활동할 때 필요한 하드웨어는 17억 3천만 신경세포와 10조 4천억 건의 시냅스라고 한다.

재미있는 사실은 이는 두뇌의 1%만 사용한 것이다. 이를 일본 슈퍼 컴퓨터인 K컴퓨터로 뇌의 1초 운동과 같은 효과를 거두려면 40분이 걸렸다.

컴퓨터는 집채 만한 크기에서 갖고 다닐 수 있을 정도로 작아졌다. 컴퓨터는 앞으로 더 많은 발전을 하겠지만 사람의 뇌를 절대 이길 수 없다.

물론 계산이나 정보의 처리속도는 뇌가 컴퓨터를 이길 수 없다. 그러나 정보의 판단과 사고, 창작과 예술 능력은 컴퓨터가 할 수 없다. 그 능력이 사람과 비교할게 못 되기 때문이다.

문명이 발달하고 인류는 수많은 분야에서 발전을 거듭하고 있지만, 인간이 만든 기계, 예술 그 어떤 분야보다 우리 뇌는 복잡하다. 그리고 독창적이며 경이롭다. 뇌야 말로 인체의 모든 기관 중에서 가장 놀랍고 신비로운 구조를 가지고 있다.

하지만 현존하는 슈퍼 컴퓨터 보다 좋은 우리의 뇌는 치명적인 단점이 하나 있다. 그것은 바로 부정적인 생각이다.

흔히들 부정적인 생각보다 긍정적으로 생각하는 게 좋다고 말 한다. 왜 긍정적인 생각이 좋다고 계속 말하는 걸까? 이유는 우리 뇌는 부정적일 때 보다 긍정적인 상황에서 좀 더 훌륭한 성과를 내기 때문이다. 우리가 알고 있는 성공한 사람과 자기 분야에서 뛰어난 성과를 보이는 이들의 대부분은 긍정적인 사고의 소유자들이다.

태어날 때부터 긍정적인 사고방식으로 태어나야만 긍정적인 생각을 하는 게 아니다. 또 긍정의 힘은 원한다고 하늘에서 뚝 떨어지지 않는다. 그렇다고 한번에 생기지도 않는다. 부정적인 상황 일지라도 스스로 자신을 다스리고 위로하며 희망을 찾는 노력을 끊임없이 해야 한다.

고기도 먹어본 사람이 맛을 알 듯, 고통을 경험한 사람만이 진정한 행복을 알 수 있다. 행복한 인생을 살기 위해서 고통과 아픔을 받을 줄 알아야 한다. 성공한 이들의 뇌는 보통 사람보다 몇 배는 더 고통과 아픔을 겪은 긍정의 힘으로 만들어 졌다. 그래서 긍정의 힘은 힘들고, 고통스런 상황, 그리고 아픔 속에서 나온다.

자신을 다독이며 '할 수 있다'는 희망을 품을 때 비로서 긍정의 진정한 힘이 나오며 꽃을 피우게 된다. 긍정은 성공을 부르는 요술램프의 '지니'와도 같다. 디즈니 애니메이션으로 유명한 알라딘의 친구 지니. 긍정은 바로 성공을 이루어 주는 지니와 같다.

긍정을 하는 순간 우리 안에 있는 두려움이나 불안감은 사라진다. 그리고 목표를 가지게 되며 설렘과 즐거움을 경험한다. 반대로 부정은 오늘을 즐기지 못하게 한다. 욕심과 같은 목표만을 설정하게 한다. 그러다 보니 계속 불안이라는 손님이 찾아오고 중도에 수시로 목표를 수정해야 하며 시간이 흐르면 결국 목표를 잃어버려 방황하게 된다.

〈영혼을 위한 닭고기 수프 시리즈〉 저자인 마시 시모프는 사람이 얼마나 부정적인 생각을 많이 하는지 알려 준다. '사람은 하루에 6만

가지가 넘는 생각을 하는데 그 중 95%는 어제, 아니면 그 전날 했던 생각과 똑같은 생각이며 그 중 80%인 4만 5천 가지 생각이 부정적인 생각'이라고 말한다.

부정적인 사고에 대해 재미있게 표현한 사례가 있다. 정신과 전문의이면서 뇌 영상 전문가인 대니얼 G 에이멘 박사는 〈뇌는 답을 알고 있다〉라는 책에서 부정적인 생각을 자동으로 떠올리는 것을 '자동적 부정 사고(Automatic Negative Thought)'라고 했다.

자동적 부정 사고의 영어 단어 앞 글자만 모으면 '개미(Ant)'가 된다. 대니얼 G 에이멘 박사는 계속해서 생각하는 부정적 사고가 개미(Ant)처럼 뇌를 빨아 먹는다고 말 한다. 부정적으로 생각하면 뇌의 효율이 떨어지고 사람에게 스트레스를 주는 각종 화학물질이 나와 사람의 몸과 마음에 독약처럼 나쁜 영향을 미친다.

부정적인 생각보다 긍정적인 생각을 하면 인생을 행복하게 살 수 있다고 말을 한다. '모든 일은 마음 먹기에 달렸다'라고 말하지만 하루에도 쉴새 없이 만들어지는 생각들 안에서 파도처럼 밀려오는 부정적인 생각들은 우리를 여간 힘들게 하지 않는다.

그렇다면 쉴새 없이 만들어지는 부정적인 생각들을 우리는 왜 이렇게 많이 하는 걸까?

첫째로 우리 뇌는 부정적인 생각과 환경에 더 길들여져 있다. 뉴스에서는 연일 청년의 취업난이 쉽게 해결의 기미를 보이지 않고, 보도하며, 경제상황은 앞으로도 어렵고, 국민 부채가 계속 늘어날 전망이라고 보도하고 있다. 경제가 어려워 임금은 오르지 않고, 자리마저 지키기 어려운 상황이다. 부정적인 상황은 이것 말고도 우리 주변에 무수히 많다. 이처럼 부정적인 상황은 힘들이지 않고도 느끼고, 알 수 있지만 긍정적인 상황은 쉽게 느끼지 못할뿐더러 인지하지 못한다.

두 번째로는 부정적인 생각들은 보통의 일반적인 생각보다 뇌에 더 강한 인상을 남긴다. 이 책의 다음 장 '욕하지 마라'에서 다시 얘기하겠지만 우리 뇌는 부정적인 신호를 더 강한 자극으로 받아들이는 경향이 있다. 대표적으로 '욕'이 그렇다. 누군가 욕을 하면, 앞에 어떤 말을 했는지 기억나지 않아도 그 사람이 했던 욕은 기억해낸다.

심리학자들은 사람이 본능적으로 부정적인 생각을 많이 하는 본성을 '부정 편향'이라고 부른다. 시카고 대학 심리학과 존 T. 카시오포 박사는 긍정적인 그림과 부정적인 그림, 중성적인 그림을 보았을 때 일어나는 뇌의 활동을 검사한 결과 부정적인 그림을 볼 때 뇌가 훨씬 더 많이 반응했다는 사실을 발견했다. 이 실험으로 부정적인 사고를 더 많이 하고 반응 한다는 걸 알 수 있다.

안타깝게도 상당수의 많은 사람들은 긍정보다는 부정을 연습하고 살아간다. 필자 역시 학창시절은 물론이고 수많은 아르바이트와 직장생활을 하면서 늘 부정정적인 생각을 가지며 살았다. "이렇게 살아서 부자가 될 수 있을까? 성공이라는 걸 할 수 있을까? 나는 왜 이 모양일까?"라며 늘 사회를 원망하고 소위 말하는 '금 숟가락' 물고 태어난 사람들을 부러워했다. 내 자신을 초라하게 보며 하루 하루를 비관해 하며 보냈다.

"나는 올해도 승진을 못 할거야. 나는 집을 살 수 없을 거야. 아무도 날 좋아하지 않을 거야. 내가 그걸 할 수 있겠어?" 아직 일어나지도 않은 일에 대해 우리는 너무 많은 부정적인 생각을 갖는다. 이렇게 하루 이틀 부정을 연습하다 보면 우리의 뇌는 긍정보다는 부정을 먼저 하는 뇌로 변화되어 가고 그렇게 길들여 진다.

그러나 안타까운 사실은 긍정보다 우리는 부정에 더 많은 시간과 노력을 쏟고 있다.

부정적인 생각 중에는 결과가 안 좋을 걸 대비해, 미리 자신만의 가상 시나리오를 만들어 힘든 상황을 피하게 하는 좋은 점도 있다.

하지만 부정적인 생각의 좋은 점은 이게 거의 전부라고 해도 과언이 아니다. 이런 점을 빼고 부정적인 생각들은 우리의 생각과 행동을 막아 자신감을 떨어뜨린다.

파도처럼 밀려드는 부정적인 생각이 당신의 슈퍼 바이오 컴퓨터를 녹슬게 한다. 긍정적 생각이 아닌 부정적 생각을 했을 때 보통 우리의 뇌는 우울한 생각까지 함께 생각하게 된다. 우리의 뇌는 우울한 생각을 오래하면 좋지 않은 생각들을 끊임없이 생각해 내고 애초에 의도하지 않은 상황을 만들어 내곤 한다.

부정적 생각이 꼬리에 꼬리를 물면 우리의 감정은 우울해 진다. 우울함이 커지기 시작하면 '불안'이라는 감정도 함께 자라나기 시작한다. 불안이란 마음이 편하지 않고, 조마조마하며 불쾌한 심리 상태를 말한다. 이것은 다시 자신감을 떨어뜨리고 행동의 제제를 불러온다. 그리고 무엇보다 중요한 우리의 자존감까지 함께 떨어지게 만든다.

우울한 생각은 뇌의 기억력에도 영향을 준다. '인지 그리고 감정(Cognition and Emotion)이라는 저널에 따르면 '우울한 생각을 하는 사람들은 그렇지 않은 사람들에 비해 기억 기능이 12% 감소한다.'는 연구결과가 나왔다.

미국 텍사스대학교 행동 및 뇌 과학과의 바트 리프마 교수는 "우울증은 일종의 간섭 현상"이라며 "우울한 기분에 빠진 사람들은 슬픈 감정을 일으키는 노래나 장소 등의 자극에 노출됐을 때 뇌가 거기에 고착됨으로써 전화, 대화나 사야 할 식품 목록을 작성하는 것 등의 일상적인 일에도 집중을 못하는 것으로 나타났다."고 말했다.

이처럼 뇌의 기능을 최대한 많이 사용하기 위해서는 하루에도 수십 번 떠오르는 우울과 부정적 생각을 피해야 한다.

긍정 보다 부정을 계속하게 되면 행동 할 때도 많은 제약이 따르게 된다. '내가 할 수 있을까?' 실패할 것 같은데…. 그냥 조용히 있자.'

이런 생각들은 결국 스스로를 자신 없는 모습으로 서서히 변화시켜 간다.

이것은 전에도 없고, 앞으로도 어떤 컴퓨터도 따라올 수 없는 정보 처리 능력을 가지고 있는 슈퍼 컴퓨터를 고작 테트리스 게임이나 또는 TV리모콘 조작 하는데 사용하는 것과 마찬가지다.

잠시 생각해보자. 너무 아깝지 않은가? 직접 볼 수 없어 그렇지 우리 뇌는 상상 그 이상으로 빠르고 다양한 능력을 가지고 있고, 그 능력으로 해낼 수 있는 것 또한, 수 없이 많다.

그러나 이 슈퍼 바이오 컴퓨터는 우리가 처음 내리는 명령을 가지고 그 다음 계획을 진행한다. 다시 말해 '난 이걸 할 수 없을 거야.' 라고 말하고 생각 한다면 우리 뇌는 명령을 기억하고 모든 안 되는 계획을 세우고 할 수 없게 만드는 실행 모드로 우리의 행동을 바꾼다.

〈13+1의 기적 빅 존슨〉를 보면 "뇌는 뭐든지 우리가 믿으라는 것을 믿는다. 우리가 말을 하면 뇌는 그것을 창조한다. 뇌에게는 다른 선택의 여지가 없다. 그러니 변화를 만들고 그 변화를 유지하려면 뇌의 작동 방식을 따라야 한다. 의식적으로든 무의식적으로든 우리가 하는 모든 생각은 뇌에서 전기 자극으로 변화되고, 이 자극은 뇌의 통제 센터에 지시를 내린다. 결국 모든 감정, 느낌, 행동 순간이 생각의 지시와 통제를 받는 셈이다. 다행이 우리는 뇌를 다시 프로그래밍할 수 있다. 낡고 부정적인 이미지와 한계 짓는 믿음을 긍정적이고 생산적인 것들로 교체할 수 있다."고 말하고 있다.

그렇다면 이 우울하고 부정적 생각을 피하는 방법은 무엇일까?

긍정적인 생각과 정보로 뇌를 변화시킬 수 있다.

항상 우울하고 부정적인 생각이 먼저 들 때면 무엇이 가장 소중하고 가치 있는 것인지 생각을 해야 한다. 자기 스스로가 세상에 필요하고, 소중한 있는 사람이라는 걸 알아야 한다. 더불어 긍정적인 사고로 자신만의 목표를 세우고 발견할 때 부정적인 생각을 날려 버릴 수 있다. 걱정하고 우울해 한다고 해서 상황은 변하지 않는다. 긍정적인 사고를 하는데 있어 불 필요한 비교는 피해야 한다. 우리 속담에 '남의 떡이 더 커 보인다'라는 말이 있다. 자기가 가지고 있는 것이 남들 것에 비해 초라해 보이고 의미 없다고 생각하면 그때부터 삶이 팍팍해지기 시작한다. 몇 백 억대 부자와 나를 비교하면 당연히 내 모습이 초라해 보인다. 내가 가지고 있는 것을 보는 것이 아니라 남들이 가지고 있는 것만을 보며, 바라면 언제나 공허함과 부질없음을 느끼게 된다.

불행의 씨앗은 비교라는 말이 있듯이 비교가 싹이 트면 우울함이 나오기 시작한다. 내가 가지고 있는 걸 보지 못하고, 내게 없는 것만을 바라 본다면 항상 불만이 생길 수 밖에 없다. 그런 사람은 늘 자신을 불행하고 초라하다고 생각한다.

"타인의 눈으로 행복을 보는 일은 아, 얼마나 괴로운 일이던가!"
윌리엄 셰익스피어의 말이다.

적당한 비교는 당신의 발전과 당신 스스로를 돌아보게 만드는 좋은 효과도 있다. 하지만 비교의 정도가 지나치면 불행을 야기하고 우울함이 생활 전반에 퍼지기 시작한다.

당신의 뇌는 즐겁고 행복한 생각만을 생산해 내고 싶어한다. 그러니 당신의 뇌가 좋아하는 생각을 할 수 있도록 당신이 물꼬를 터줘라. 뇌는 당신의 그 명령을 기쁜 마음으로 받아들여 두 배, 세 배로 돌려 줄 것이다. 명심해라. 우울한 생각이 아닌 기쁘고 즐거운 생각은 당신과 그리고 당신의 뇌가 원하고 바라는 것이다. 버려야 할 감정은 빨리 흘려 보내길 바란다. 부정적인 생각, 우울한 생각은 당신의 생각이 아니다.

그렇다면 부정이 아닌 긍정적으로 생각하는 것이 뇌에는 어떤 영향을 끼치는 걸까? 긍정만으로 뇌의 정보처리 방식을 바꿀 수 있다. 즉, 다른 결과를 만들 수 있다는 말이다.

세계 최고의 부자 빌게이츠에게 어느 날 기자가 물었다. '세계 제1의 갑부, 그 비결은 무엇 입니까?'라고 묻자 빌게이츠의 답은 간단하고 명료했다. "나는 날마다 내 자신에게 2가지 최면을 겁니다.' 하나는 '오늘은 왠지 큰 행운이 나에게 있을 것이다.' 그리고 또 하나는 '나는 뭐든지 할 수 있어'라고 주문 합니다."

– 〈사회적 부를 창출하는 경영인〉 이태진

TV마이클 조던이 나온 나이키 광고 카피다.

"농구 선수로서 나는 9,000개 이상 숫을 실패했고, 거의 300게임에서 패배했다. 26번이나, 승패를 결정짓는 중요한 숫을 놓쳐버렸다. 나는 실패하고 실패하고 또 실패했다. 그것이 내가 성공한 이유다." 농구 황제 마이클 조던 역시 실패를 거듭했다.

부정적인 상황을 긍정으로 바라보는 유명인은 많다. 빌게이츠, 조던, 성공한 많은 이들이 자신이 하고자 하는 일에서 처음부터 순조로운 길을 걸었던 것은 아니다. 실패할 때마다 자신을 다독이며 긍정적 사고를 잃지 않았기에 지금처럼 유명한 성공인으로 남을 수 있었던 것이다. 만약 이 사람들이 긍정보다는 부정적 생각을 많이 하는 삶을 살았다면 지금의 부와 명성을 얻었을까? 필자는 단연코 '아니오'다. 실패한 모습에 좌절하고 낙담도 했겠지만 이들은 한결같이 부정적으로 생각하지 않았다. 비록 그런 상황에 놓여져 있었지만 부정적인 생각으로 그 자리에 털썩 주저 않았다면 우리는 이들을 기억하기 힘들었을 것이다.

이 사람들은 우리가 생각하기에 위험할 정도로 긍정적인 사람들이었다. 성공한 이들의 뇌는 모두가 아니라고, 힘들고, 어렵다고 말하는 상황에도 할 수 있는 방법을 찾아낸다. 그리고 어떻게든 그들 스스로가 실천할 수 있도록 돕는다.

뇌의 긍정적 생각은 행동을 바꾸고 자신의 인생도 바꾼다. '살아봐라. 말이 쉽지! 그게 쉽게 되냐? 몇몇 특별한 사람들만 하는 거지!' 라고 당신은 말 할 수도 있겠다. 결론부터 말하자면 틀렸다. 당신이 틀렸다!

뇌는 쓰임과 환경에 따라 끊임없이 변화 한다. 뇌의 이런 변화를 뇌 가소성(plasticity)이라고 한다.

가소성이란 원래 물리학에서 나온 개념이다. 어떤 물체를 외부에서 일정한 힘을 가하면 그 물체의 형태가 변하고 주어진 힘을 제거하더라도 변형된 형태가 그대로 유지된다는 것을 말한다.

다시 말해 시간을 두고 지속적으로 뇌에 가해진 자극은 변화를 띄게 된다. 자극이 제거된 후에도 그 변화가 지속되어 결국에는 짧게 끝나는 변화가 아니라 지속적인 변화를 유지하게 된다. 뇌는 변화를 시도하려는 의지만 있다면 변한다. 인간의 뇌는 무한한 잠재력을 지니고 있다. 그 누구도 두뇌의 한계를 알 수 없다. 다시 말해 그 사람의 아직 보여지지 않은 뇌의 능력이 어느 정도인지 알 수 없다는 말이다. 얼마든지 지금보다 발전된 모습을 기대할 수 있다.

그래서 사람의 한계를 함부로 저 평가 내릴 수 없는 이유가 바로 뇌의 가소성 때문이다.

이미 앞에서 말했지만 우리의 뇌는 방법을 찾아내는데 특화되어 있다. 당신이 긍정이든 부정이든 그 방법을 반드시 찾아낼 것이기 때문이다.

또 하나 놀라운 사실은 우리의 뇌는 수없이 부정을 단련했지만 근본적으로 긍정을 더 좋아한다. 긍정이야 말로 뇌가 좋아하는 일이며 행복을 느끼게 하는 도구다. 즐거운 생각, 재미있는 상상, 미소 지을 만한 일들을 기억하고 생각하면서 뇌의 긍정 근육. 즉, 자기 긍정의 힘을 키우길 바란다.

긍정을 사고할 때 뇌는 기쁜 마음으로 정보를 찾아내고 가공하여 우리가 할 수 있게 실행계획을 만들어 놓는다. 할 수 있다고 생각하면 우리 뇌는 할 수 있는 방법만을 찾아내어 계획하고 우리의 행동을 변화시킨다. 단순하지만 놀랍지 않은가?

모두가 그렇듯 당신도 성공이라는 단어를 좋아할 것이다. 어쩌면 필자보다 더 좋아하며 더 강력하게 원하고 있을지도 모르겠다. 그러나 모든 성공은 실패를 동반한다. 아니 실패 없는 성공을 우리는 진정한 성공이라고 말하지 않는다. 그러니 실패 할 것을 두려워하지 말아라. 실패는 통관의례다. 부정적인 사고가 곧 실패를 부르고 만다.

디즈니 애니메이션의 유명한 쿵푸팬더에서 이런 말이 나온다.

Yesterday is history. Tomorrow is a mystery. But today is gift. That is why it is called the present.
'어제는 역사. 내일은 알 수 없는 신비로운 것. 하지만 오늘은 선물이다.'

이미 지나갔고 알 수 없는 일들에 너무 많은 우리의 힘을 낭비할 필요가 없다.

〈똑똑한 식스팩〉의 저자 이미도는 이렇게 말한다.

과거를 기반으로 미래를 대비하는 것은 좋지만 지나치게 힘을 쏟는
일은 피해야 한다. 오늘이 선물이다. 당신의 오늘을 의미 있게 보내
는 것이 무엇보다 중요하다.

긍정적인 말과 생각을 계속하도록 노력하자.

01. 담배와 술을 멀리해라.

많은 사람들이 스트레스, 슬픔, 우울한 감정을 술로 이겨내려고 한다. 하지만 술 기운이 사라지면 술 때문에 더 우울하고 슬퍼진다는 사실을 깨닫지 못한다. 술과 담배는 일시적 일뿐, 근본적인 해결책은 아니라는 걸 명심하자.

02. 당신을 지지하고 당신의 이야기에 귀 기울이는 사람들과 자주 만나라.

혼자서 슬픔과 우울한 감정 그리고 스트레스를 이겨내려 하지 말아라. 당신의 이야기를 듣고 지지해주는 이들과 함께 더 많은 시간을 보내라. 그런 사람들과 함께하며 생기는 유대감과 공감은 당신을 긍정으로 변화시켜 준다.

03. 물을 많이 마셔라.

우리 몸의 70%는 물이다. 건강을 위해서도 자주 물을 마시는 습관은 좋다. 만병의 근원은 '스트레스'라고 말 한다. 물을 자주 마시는 것은, 스트레스를 해소하는데도 큰 도움이 된다. 우리의 몸에 수분이 부족하게 되면, 신진대사 능력이 떨어진다. 뿐만 아니라 혈액순환이 더디게 되고 스트레스 지수가 높아 지며 우울한 기분을 함께 느끼게 된다.

04. 습관처럼 성공을 말해라.

자신의 성공한 모습이나 목표를 이루는 상황을 말하는 연습을 해라. 아직 이뤄지지도 않은 자신의 미래 모습을 말한다는 것이 어색하게 느껴질 수도 있다. 하지만 마치 남 이야기 하듯 몇 번 시도하다 보면 쉽게 성공을 말 할 수 있게 된다. 말이 씨가 된다고 하지 않았던가. 더불어 자신의 마음까지 벅 차오르는 걸 느낄 수 있게 된다.

05. 대범하게 생각하라. 소심한 사람은 큰 꿈을 이루지 못한다.

어떤 일이든 하나 하나 따져 생각하는 사람은 하루가 피곤하다. 크게 생각하고, 크게 행동해라. 그렇게 하루를 살아가는 연습을 해라.

06. 모든 것이 생각대로 흘러가지 않는다는 걸 인정하자.

완벽한 것 이란, 세상에 존재하지 않는다. 따라서 자신의 실수에 대해 관대해야 한다. 나의 실수를 용납하면, 더 큰 성장이 가능해진다.

07. 반복하라.

부정적인 생각이 들면 1번부터 확인해보고 자신이 부족한 부분의 항목을 반복해라.

Part 02

욕하지 마라

'사심언행(思心言行)'이란 사자성어가 있다.

생각이 마음으로 비춰지고 마음이 언어로 담겨진다. 우리가 사용하는 언어는 다시 행동으로 이어져 표현 된다는 뜻 이다.

즉, 언어는 자신의 마음을 담아내는 그릇과도 같다. 우리가 하는 말을 함부로 해서는 안 되는 이유는, 말로 표현하는 것이 결국 행동으로 이어지기 때문이다.

특히 부정정적인 말을 자주 해서는 안 된다. 상대방을 미워하거나, 시기할 때 나오는 험담은 우리를 더 부정적인 감정에 노출시킨다.

당신은 욕을 얼마나 자주 하는가? 호모욕(㤰)쿠스. 욕하지 않고서는 살 수 없는 인간을 두고 생겨난 신조어다. 요즘은 욕이 무슨 소통의 도구 마냥 너도 나도 남녀노소 가리지 않고 아무 거리낌없이 사용하고 있다. 욕을 스트레스 해소용으로 생각하고 SNS하듯 가볍게 생각 한다.

욕을 배우는 시기도 굉장히 빨라졌고 하나의 문화처럼 자리를 잡아가고 있다. 어린 초등학생부터 말 꺼내면서 욕을 사용하고 있고, 욕으로 시작해서 욕으로 끝을 낸다. 학교는 이미 욕의 경연장이라고 말해도 과언이 아닐 정도며 욕을 사용하지 않으면 이야기 자체를 할 수 없는 것처럼 보인다. 이는 욕의 그 뜻을 모르고 무차별적으로 사용하고 있다는 걸 말해주고 있다. 욕에도 엄현히 그 뜻이 있다. 만약 뜻을 알고 욕을 사용한다면 지금처럼 많이 사용하지는 않았을 것이다.

성인들이라고 해서 욕을 사용하지 않는 다는 건 아니다. 성인들 역시 욕을 자주 한다. 그러나 어린이들과 사춘기를 겪고 있는 청소년들의 욕 사용 문제는 훨씬 심각하다. 욕은 어느새 그들의 생활권 깊숙이 파고들어 서서히 그들을 망가뜨리고 있다.

한편으론 청소년들의 잦은 욕 사용을 이해 못하는 건 아니다. 사춘기 때는 전전두엽이 활동이 왕성하고 그 크기도 커진다. 욕으로 자신을 과시하거나, 표현하며 스트레스를 푼다. 또, 어른들이 이해 못하는 돌출 행동 양상을 보이곤 한다. 청소년들의 뇌는 아직 성장하고 있는 시기이며 사춘기 때의 뇌는 어른들의 뇌와는 다를 수 밖에 없기 때문이다. 그러나 아직은 더 좋은 걸 보고 배우고 자라나야 하는 학생들이 욕으로 시작해서 욕으로 끝내는 모습들이 보기 안 좋은 건 두 말 할 것도 없지만 안타깝기 그지 없다.

EBS에서 중고생들 욕 사용 실태를 파악하기 위해 실험을 했다. 놀라운 사실은 중,고생 4명을 대상으로 말을 할 때 아이들은 8시간 동안 평균 400여 회의 욕설이 쏟아 냈다. 더 놀라운 사실은 욕이 소위 말하는 일진, 불량 학생들만을 대표하는 것이 아니라 이미 평범한 학생들에게도 일상화 되었다는 점이다. 다시 말해 공부를 잘하든, 못하든 모범학생이든, 아니든 모두가 욕을 한다는 것이다.

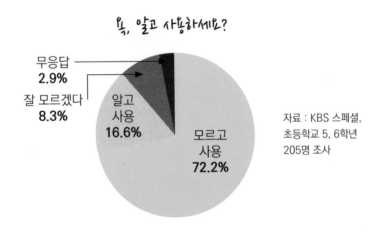

대부분 청소년들은 욕을 소통, 스트레스 해소, 재미 있어서 등으로 사용하고 있다.

도로에 심하게 튜닝 된 차가 굉음을 내며 도로를 질주하는 모습을 본적이 있는가? 욕하는 사람의 모습은 튜닝 된 자동차와 비슷하다. 차 주인은 자기 좋아서 차를 튜닝 한 것이지만, 대부분의 사람은 그 굉음을 내는 차를 보는 것도, 듣는 것도 싫어한다.

JTBC 방송(2015.04.30)에서도 학생들의 욕 습관을 취재한 적이 있다. 학생이 말을 할 때 1분 24초마다 욕을 했다. 국립국어원 조사에 따르면 평상시 욕설이나 비속어를 사용한다는 학생이 10명 중 9명으로 나타났다

〈뇌, 인간을 읽다〉저자 마이클 코벌리스는 욕에 관해 이렇게 다뤘다.

"설문 조사에 따르면 욕설의 약 3분의 2는 좌절, 분노, 놀라움과 관계가 있다고 한다. 욕설은 일종의 공격적 무기로서 신체적 폭행을 대신하는 구실을 할 것이다. 욕설은 사회적 지위가 낮은 사람, 외향적인 사람, 적개심에 가득 찬 사람이 더 많이 하며, 온순한 사람, 양심적인 사람, 종교적인 사람, 성적으로 불안한 사람은 욕설을 덜 한다. 욕설은 단순히 일종의 속어일 수도 있어서 '죽인다'나 '쿨하다'와 같은 다른 유사 단어들 보다 더 불쾌할 것도 없는 경우가 많다. 특히 남성 집단에서는 욕설이 충성의 상징일 수도 있다."

정신분석학자 자크 라캉은 '뇌가 말을 조절하는 것이 아니라 말이 우리 마음을 지배한다'고 말했다. 말을 어떻게 하느냐에 따라 행복에 질 수도 그 반대가 될 수도 있다는 말이다. 그만큼 말은 생각보다 크게 우리의 생활에 많은 영향을 끼친다.

감정을 불러 일으키는 욕은 뇌에 박혀 기억에서 쉽게 사라지지 않는다. 우리 뇌는 크게 3개의 층으로 이루어져 있다. 1층은 생명의 뇌, 2층은 감정의 뇌, 3층은 이성의 뇌 이다.

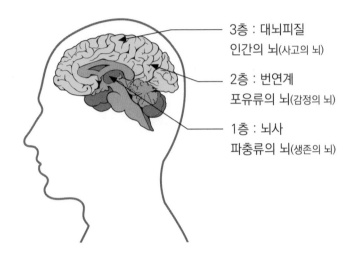

사람의 뇌구조

3층 : 대뇌피질
인간의 뇌(사고의 뇌)

2층 : 번연계
포유류의 뇌(감정의 뇌)

1층 : 뇌사
파충류의 뇌(생존의 뇌)

저자 김병완의 〈당신의 뇌를 경영하라〉에서는 인간의 뇌를 조금 더 자세하게 표현하고 있다. 1층을 파충류의 뇌, 2층을 포유류의 뇌, 3층은 영장류의 뇌라고 말하고 있다. 인간의 뇌는 가장 원시적인 뇌인 파충류의 뇌, 좀 더 진화된 포유류의 뇌, 가장 많이 진화된 영장류의 뇌를 모두 갖고 있는 것이다.

파충류의 뇌는 즉각적 행동과 반응 하게 한다. 포유류의 뇌는 사랑, 기쁨, 슬픔, 분노, 비탄, 질투, 즐거움 등 감정을 주관한다. 마지막으로 영장류의 뇌는 정보를 분석하여 실용적이고 현명한 결정을 내릴 수 있게 하는 지각을 주관하는 뇌이다.

'욕에 관여하는 뇌 기관은 2층 감정의 뇌. 즉, 포유류의 뇌에 속한'

변연계이다. 변연계는 동물적인 본능과 관계된 두려움과 공포, 공격성, 사랑, 기쁨, 분노, 질투, 즐거움 등의 감정을 주관한다.

2층 감정의 뇌는 3층 이성의 뇌의 위치한 전두엽의 통제를 받아 좀 더 이성적인 행동, 좀 더 이성적인 감정 표현을 하게 한다. 하지만 폭력적인 언어인 욕에 지속적으로 노출될 경우 전두엽이 위축되면서 2층 감정의 뇌에 대한 통제력이 약해진다. 그렇게 약해진 2층 감정의 뇌는 충동적이고 공격적인 행동을 보이게 만든다.

욕의 안 좋은 점 중 하나는 바로 내성이 생긴다는 점이다. 아무리 심한 욕을 들어도 그 욕이 기분 나쁘거나 화가 나지 않는 다는 점이다. 욕을 하는 사람 역시 아무리 험하고 거친 욕을 해도 거칠고 험악한 욕이라고 생각하지 않는다.

충분한 햇빛과 물 그리고 땅으로부터 영양분을 공급받아야 곡식과 농작물이 잘 자라듯 10대의 뇌. 즉, 청소년의 뇌 역시 경험과 학습을 통해 차츰 성인의 뇌로 성장해 간다.

욕을 사용 할 수록 어휘력과 인지력은 떨어지게 된다. 욕은 술, 담배와 같이 중독된다. 또한 점점 그 강도를 높여 가는데, 이는 다른 사람이 자신에게 욕을 했을 때 보통 사람들이라면 충분히 흥분하고 화낼 일인데 정작 본인은 아무렇지 않게 그 욕을 받아 들이게 된다.

다시 말하자면 욕의 심각성에 점점 무뎌져 간다는 것이다.

EBS에서 학생들을 대상으로 욕을 하루에 100회 이상 쓰는 A그룹과 욕을 하루에 10회 미만으로 쓰는 B그룹으로 나누어 실험을 했다.

A그룹의 학생들은 대한민국 하면 떠오르는 낱말을 10개 이하로 답한 것에 비해 B그룹의 학생들은 대한민국 하면 떠오르는 낱말을 10개 이상으로 답했다.

또한 두 번째 실험 '카드 짝 맞추기'에서도 A그룹 학생들은 계획 없이 충동적으로 단순하게 카드를 뒤집은 반면 B그룹의 학생들은 계획을 세우고 체계적인 행동을 보여주었다.

그렇다면 우리는 왜 욕을 쉽게 배우고 사용하는 걸까? 부정적인 말, 상황 등을 우리의 뇌는 보통 일반적인 기억보다 더 오래 기억한다. 욕은 보통의 다른 단어보다 4배나 기억에 오래 남는다. 욕 또는 부정적인 생각들은 일반적인 기억보다 자극이 강해 뇌에 오래 기억된다.

쥬디스 글레이저와 리처드 글레이저는 하버드 비즈니스 리뷰(Havard Business Review)에 기고한 글에서 '긍정보다 부정을 오래 기억하는 현상은 뇌 안의 화학반응 때문이다'라고 설명했다. 비판, 거부, 또는 두려움에 직면하거나 '소외됐다'거나 작게 느껴질 때 우리 몸은 코티졸이란 스트레스 호르몬의 분비를 늘린다.

코티졸은 뇌의 생각 중추를 마비시키고 갈등을 회피하는 등의 방어 행동을 활성화 시킨다. 코티졸의 분비로 우리는 더 쉽게 반응하고 민감해진다. 그리고 나를 대하는 상대방의 행동, 판단 그리고 부정을 확대 해석하거나 실제보다 더 크게 의미를 둬 생각하게 된다. 코티졸이 분비된 후 하루 이상의 시간이 지나면, 상대의 반응을 다른 기억보다 뇌에 깊게 새겨 넣게 된다. 그리고 장차 행동할 때는 예전 충격을 증폭시켜 반영 한다. 두려움을 곰곰이 생각할 수록 코티졸은 오랫동안 충격을 지속시킨다.

이처럼 무차별적인 욕의 남용은 부정적인 상황을 뇌에 오래 각인시키고, 욕을 쉽게 내뱉게 만드는 상황으로 몰고가 악순환을 반복되게 한다. 결국 욕을 자주 사용하면 자신의 생각과 판단을 쉽게 되는대로 하는 성향으로 변형시킨다. 그래서 자신의 계획성을 서서히 무너뜨리기 시작한다. 평상시 유지하고 있던 자신의 정신상태가 무너지기 시작한다. 계획대로 사는 것이 아니라 되는대로 충동적으로 생각하고 행동하게 된다는 말이다. 결국, 나도 모르게 부정적인 생각을 품고 사는 뇌로 만들고 있는 것이다.

욕을 소통, 재미, 스트레스를 풀려고 사용해서는 안 된다. 더 이상 '예전부터 써왔다'라는 명분으로 '욕을 쓸 수 밖에 없다'고 말해선 안 된다.

욕이나 험한 말을 사용했을 때 가장 먼저 듣는 것은 바로 자신의 귀다. 부정적인 단어를 계속해서 사용하고 듣게 되면 뇌는 점차 그 성능이 떨어지고 만다.

당신의 뇌를 공격하는 욕. 욕으로 인한 무차별적인 공격 당한 뇌는 행동, 성격, 지적 능력 등을 당신도 모르게 수준 이하로 떨어지고 있다는 사실을 잊으면 안 된다. 때문에 되도록이면 사용하지 않는 것이 아니라, 아주 쓰지 않는 것이 현명한 선택인 것이다.

남의 인격을 무시하는 모욕적인 말, 또는 남을 저주하는 말이 바로 욕이다. 욕설이나 막말은 부정적인 말이라는 걸 우리는 안다. 하지만 이런 거칠고 부정적인 말이 당신의 생각을 지배하고 있지는 않는지 생각해야 한다.

지금 당신은 어떤 언어습관을 가지고 있는가? 당신의 언어 습관이 성공을 부른다.

우리 나라 옛 속담에 '말 한 마디로 천냥 빗을 갚는다'라고 했고, '이왕이면 다홍치마가 좋다'라고 했다. 같은 말이면 고운 말 예쁜 말을 사용해 자신에게도 상대방에게도 상처로 남지 않게 사용해야 한다. 한번 뱉은 말은 주워 담을 수가 없다. 말이 생각을 지배한다. 고운말 예쁜 말로 사용한다면 당신의 뇌 건강뿐만 아니라 더 빠른 성공의 기회를 약속 할 것이다.

변화는 대단한 것으로부터 시작하지 않는다. 대단한 무언가를 해서 뇌를 변화시키는 것이 아니다. 변화는 작은 것에서 시작된다.

Part 03

이제
외로워야 한다

앨빈 토플러, 다니엘 핑크와 함께 '세계 3대 미래학자'로 꼽히는 미래학의 거장인 리처드 왓슨(Richard Watson)은 말한다.

다시 도약하기 위해 잠시 멈춰라.

창조적이고 깊은 사고를 하기 위해서는 아무것도 하지 않고 "그저 즐기는 시간을 가져야 한다", "그저 멍때리는 시간을 가져야 한다"고 리처드 왓슨은 조언한다. 또한 깊은 사고를 하기 위해서는 일상 속에서 벗어나야 한다고 그는 주장한다.

"우리들 대부분이 일상 속에 갇혀 산다. 매일 똑같은 길을 따라 출근하고, 똑같은 사람들과 같이 일하고, 똑같은 생각들을 갖고 씨름한다. 이런 실상을 계속해서는 안 된다. 나이가 들수록 자신이 이미 경험했던 것에서 벗어나기가 힘들다.

따라서 새로운 생각을 쫓는다면 의식적으로 일상에서 벗어나 새로

운 정보와 경험을 수용해야 한다."　　　　　　– 〈퓨처 마인드〉 리처드 왓슨

"너에게 있어 가장 불편한 시기는 너 자신을 가장 많이 배우는 시기
이다."　　　　　　　　　　　– 메리 루이즈 빈 Mary Louise Bean

　당신은 지금까지 혼자 있는 시간을 얼마나 가져 봤는가? 당신은
혼자 여행하거나 혼자 아무도 모르는 곳에 가본 적이 있는가? 혼자
카페에 가서 커피만 마시다 돌아온 적이 있는가? 공원에 가서 혼자
몇 시간이고 산책하고 돌아온 적이 있는가?

　당신은 뇌를 바꾸는 방법과 궁상맞게 혼자 시간을 보내는 것이 무
슨 상관이냐고 생각할지도 모르겠다. 충분히 그럴 수 있다. 당신이
생각하는 궁상 맞는 행동은 얼핏 보기엔 쓸데없고, 시간 낭비인 동시
에 비효율적으로 보인다.

　그러나 혼자만 있는 시간을 가져 봐야 한다. 이유를 설명하기 전에
이쯤에서 당신에게 불편한 질문을 하나 하고 싶다. 당신의 꿈은 무엇
인가? 당신이 정말 하고 싶은 일이 있다면 그것은 무엇인가? 남 눈치
보지 않고, 하고 싶은 일은 무엇인가? 당신은 비전이 있는가? 있다면
사람들에게 당당히 말할 수 있는가?

　이 질문에 당신은 자신 있게 답변을 할 수 있는가? 혹시 불편함을
느꼈는가? 불편하다는 것은 아직 꿈을 찾고, 갖고 싶다는 반증이기
도 하다. 당신이 생각하는 것 이상으로 수많은 사람들이 하루 하루

생각 없이 그저 그렇게 살아가고 있다. 마치 그렇게 사는 것이 정직하고, 착하게 살아가는 것이며 열심히 사는 모습으로 생각한다.

사람들은 생각보다 자신이 무엇을 좋아하고, 무엇을 싫어하며, 왜 내가 이런 가치관을 갖게 됐는지 모른다. 더불어 내 꿈과 비전은 무엇인지 알고 있는 사람들은 적다. 다시 말하면 알고 싶어 하지도, 노력도 많이 하지 않았다는 말이다.

물론 어렸을 때부터 꿈과 비전에 대해 진지하게 교육을 받지 않은 문제도 있다. 생각하는 공부 보다 외우는 공부만을 강조하는 우리나라 주입식 교육에도 문제는 있지만 이 책에서는 교육에 관한 얘기는 하지 않기로 했다. 나를 좀 더 알아가고 꿈과 비전에 대해서 진지하게 생각할 수 있는 시간은 혼자만의 시간을 갖는 것만큼 좋은 것은 없다.

혼자 있는 시간은 당신 스스로를 바라볼 수 있는 시간이다. 당신의 부족한 점, 당신이 잘하고 좋아하는 것을 알아 볼 수 있는 시간이다. 당신 스스로 자신의 진실한 내면을 바라볼 수 있는 시간은 여럿이 함께 있는 시간이 아니라 오롯이 혼자 있는 시간이다. 혼자 있는 시간이야 말로 자신의 뇌를 가장 뜨겁게 만드는 시간이기 때문이다.

혁신적인 기업 구글도 2007년 사내 명상프로그램 '너의 내면을 검색해라(Search Inside Yourself)'를 도입했다. 5년간 1천여 명의 직원이 이수했고 이 프로그램을 통해 직원들의 감성지능(EQ)이 높아지고 자

신감과 업무능력, 리더십이 향상되는 등 큰 변화를 겪었다고 한다

　만약 혼자만의 시간을 충분히 보내지 않으면 당신의 뇌는 앞으로 어떤 것에 집중해서 정보를 수집하고, 실행 명령을 내릴지 갈팡질팡하게 된다. 대부분의 사람들이 외로운 감정을 좋아하지 않는다. 필자라고 다르지 않다. 그러나 혼자 외로이 보내는 시간이 스스로에게 득이 된다는 사실을 알아야 한다.

　당신 자신을 바라보며 알아가는 시간은 돈을 주고도 할 수 없는 귀한 시간들이며 따로 배울 필요도 없는 중요한 시간이다.

　하지만 혼자만의 시간을 지내는 건 사실 쉽지만은 않다. 이 시간은 남들이 바라봤을 때 비 생산적인 시간이고, 혼자 시간을 보내기 때문에 외로움을 느끼는 시간이다.

　그러나 우리는 생각보다 자신의 내면을 바라보며 생각할 시간인, 혼자 있는 시간을 제대로 갖지 못하고 있다. 하루 중 절반 이상은 회사나 학교에서 시간을 보내거나 쉬는 시간에도 대부분 누군가와 함께 한다. 식사시간 역시 혼자 보내는 일은 그리 많지 않다.

　집에 와서는 가족 아니면 TV가 당신의 빈자리를 채운다. 이런 상황 이기에 당신은 억지로라도 혼자 있는 시간을 가져야 하며 시간을 내서라도 반드시 가져야 한다.

　〈기대를 현실로 바꾸는 혼자 있는 시간의 힘〉의 저자 사이토 다카

시는 '무리지어 다니면서 성공한 사람은 없다'고 말하고 있다. 또 '중요한 순간 일 수록 혼자가 되라'고 말하고 있다. 사이토 다카시는 또 무리지어 다니는 학생보다 혼자 다니는 학생의 수업 몰입도가 높다고 말하고 있다.

앞에서 말했지만, 우리의 뇌에 앞으로 당신이 꿈꾸고 좋아하는 일을 할 수 있도록 준비시켜 놓아야 한다. 하루 또는 한 달, 할 일을 계획하는 것과는 다르다. 보통 계획 한다면 그 방향이 외부로 향하지만 혼자 외로움을 느끼며 세운 계획은 자신만의 계획이기에 그 방향이 내부로 향한다. 혼자만의 시간을 보내며 진짜 자신만의 계획을 세울 때 비로소 희미하게 감춰진 자신을 엿볼 수 있게 된다.

사이토 다카시의 말대로 "기회는 혼자 있는 순간에 온다."

당신은 지금 사랑하는 사람이 있는가? 아니면 결혼해 가정을 이루고 있는가? 사랑하는 사람이 있다면 그 사람을 더 아껴주며 진심으로 사랑하기 위해서 잠시 혼자만의 시간을 가지며 쉬는 시간이 필요하다. 그 시간이 당신의 마음을 더 거짓없이 깨끗하게 만드는 시간이다. 당신의 연인에 대하여 진지하게 알아볼 수 있는 시간이다. 몇 날 며칠을 가족, 연인, 지인들과 떨어져 혼자 있으라는 말이 아니다. 하루 이틀쯤 방해 받지 않는 오로지 자신만의 시간을 가지라는 말이다.

당신에게 가정이 있다면 가족이 있다는 삶에 더 감사하고, 행복을 느낄 수 있는 시간이 바로 혼자만의 시간을 갖는 것이다. 혼자 조용히 당신의 가족들 한 명, 한 명 얼굴을 떠올리다 보면 지금 당신의 삶이 얼마나 축복받은 삶인지 알게 될 것이다.

이런 시간은 혼자가 아닌 시간에는 쉽게 맛볼 수 없는 시간들이다. 결코 무의미하고 쓸데없이 낭비되어 사라지는 시간들이 아니다. 오히려 더욱 목표를 향해 집중하는 시간이며 힘을 모아 정비하는 시간이다. 다시 말하지만 혼자의 시간을 갖는다는 것은 외롭다. 쓸쓸할 수 있다. 하지만 이 시간들이 바로 자신만의 꿈을 이룰 수 있게 뇌를 준비 시키는 시간이다.

혼자만의 시간을 가졌을 때 비로소 자신 안의 안개는 걷힌다. 예전과는 다른 분명한 스스로를 발견할 수 있게 된다. 이제 혼자만의 시간을 잘 활용하고, 설계하여 당신 자신만의 꿈의 청사진을 가져라.

Part 04

미소는
뇌를 웃게 만든다

학생들에게 입술과 이로 연필을 물고 만화책을 읽게 한 후, 그 만화책의 재미 정도를 평가하는 실험이 있었다. 연필을 물고 만화책을 본 그룹과 그렇지 않은 또 다른 그룹의 평가는 달랐다. 연필을 물고 만화책을 본 그룹이 더 재미있게 책을 봤다는 평가를 했다.

똑같은 만화책인데 왜 두 그룹의 평가가 다를까?

이유는 비교적 간단하다. 연필을 입에 물면 자연스레 입 꼬리가 올라가 웃고 있는 모습이 된다.

얼굴의 웃는 근육은 뇌의 웃음 운동 중추와 연결되어 있다. 활성화된 운동 중추가 얼굴 근육을 움직이게 한다. 다시 말해 인위적인 웃음일지라도 실제로 웃었을 때와 같은 웃음 효과가 있다는 말이다. 결국 인위적인 웃음을 지은 쪽이, 그냥 만화책을 읽었을 때 보다 더 재미있다는 평가를 내리게 된 것이다.

당신에게 묻고 싶다. 당신은 하루에 얼마나 웃는가? 하루 중 미소
는 얼마나 자주 짓고 있는가? 사람들은 행복하지 않고, 웃을 만한 일
이 많지 않아서 웃지 않고, 미소 짓지 않는다고 말 한다. 사실 틀린
말은 아니다. 학생들은 학교, 학원을 돌아다니며 공부하기 여념이 없
고 청년들은 취업난에 하루하루가 고통의 연속이다. 직장생활을 하
고 있다고 해서 웃을 만한 일이 많은 건 아니다. 하루가 멀다 하고 새
로운 기술과 배워야 할 것들이 쏟아진다. 밑에서는 젊고 팔팔한 신입
들이 치고 올라와 늘 자신의 자리를 위협한다. 평생 직장이라는 말은
이미 우리 기억 속에 사라진 지 오래다.

이런 현실이기에 웃을 일이 많지 않다는 말이 틀린 말은 아니다.
하지만 당신의 삶이 고되고 힘들다고 해서 웃음 짓는 일도 힘들어 해
서는 안 된다. 웃음은 빈약한 뇌에 살을 찌우는 것이며, 뇌에 건강한
근육을 만드는 행위다.

당신은 행복해서 웃는 게 아니라, 웃어서 행복하다는 말은 한번쯤
은 들어 봤을 것이다. 이 말은 사실이다. 미소를 지으면 상대방은 당
신을 인상 좋게 바라보고 평가한다. 더불어 당신을 대하는 태도 역시
호의적으로 변한다. 미소 하나로 당신의 생활은 좀 더 편하고 부드러
워 진다.

생활 중에 미소를 자주 짓는 연습을 하는 사람은 잘 웃을 수 있다.
미소를 짓는 다는 것은 운동선수가 본격적인 운동을 시작하기 전에
준비 운동을 하는 것과 같다. 그래서 쉽게 미소 지으면 잘 웃을 수 있

게 된다. 잘 웃기 위해서는 미소를 자주 지어 보여야 한다. 반대로 쉽게 미소 짓지 못하면 쉽게 웃을 수도 없다.

동의보감에는 '웃음이 보약 보다 좋다' 라고 나와있을 정도로 뇌 뿐만이 아니라 몸 건강에도 아주 좋다. 소문만복래(笑門萬福來)말이 있다. 말 그대로 웃으면 복이 온다는 뜻이다.

우리 몸과 뇌는 웃을 때 마다 그 즉시 보상을 받는다. 다시 말해 당신은 즐거워서 웃는 것이 아니라 웃어서 즐거울 수 있다.

웃음은 횡격막과 배, 호흡기, 얼굴, 다리와 등의 근육을 빠짐없이 운동시킨다. 전신운동의 효과를 볼 수 있는 동시에 우리 몸의 즐거운 내장마사지 효과까지 볼 수 있다.

미소(웃음)는 측좌핵(nucleus accumbens)이라고 불리는 뇌의 보상회로 부분을 자극한다. 바로 이 부분이 활성화되고 우리 몸에 좋은 호르몬이 나오고 좋지 않은 호르몬은 감소한다. 또한 웃음은 뇌로 올라가는 혈류량을 늘려 뇌의 회전을 높인다.

루이빌대학의 클리포드 쿤(Clifford Kuhn) 박사의 말대로 일부러 웃는 웃음도 자연스러운 웃음과 똑같은 효과를 가진다고 한다.

웃음은 전염성 또한 강해 다른 사람이 웃는 것을 보면 저절로 따라 웃는다. 또 런던 신경과학협회의 언어 생물학 박사 소피 스콧(Sophie Scott)의 연구에 따르면 '웃음소리만 들어도 우리의 뇌는 웃을 준비를 한다. 따라서 당신이 웃으면 상대방도 웃는다.

　당신의 무표정 표정이나 굳어 있는 표정은 다른 사람들을 통해서 그대로 볼 수 있게 된다. 즉, 당신과 똑같은 표정으로 당신을 대하고 있을 지 모른다. 이러면 제대로 된 뇌의 활동을 기대하기 어렵고 그만큼 뇌의 효율을 떨어뜨리게 된다.

　웃음은 면역력까지 높인다. 우리의 몸은 웃을수록 세포가 활발하게 움직이고 증식이 빨라져 신체 나이가 젊어진다. 또한 면역력이 높아지고 혈액 내 일명 킬러 세포라고 불리는 종양을 파괴하는 세포들이 생성되어 암 등의 악성 종양질환에 걸릴 가능성이 낮아진다. 박장대소를 한 번 할 때 마다 우리 몸의 근육의 1/3에 해당하는 231개의 근육이 움직이기 때문에 뇌의 자극은 물론이고 근육의 운동효과를 톡톡히 볼 수 있다.

　이런 몇 번의 웃음으로 뇌의 효율을 높인다면 당신이 웃음으로서 사용되는 노력에 비해 훨씬 남는 장사인 것만은 분명하다.

　물론 미소와 웃음이 언제나 긍정적인 효과만 가져온다고 말하기는 어렵다. 감당하기 어려운 큰 충격을 받았거나 극한 상황에서 나오는 미소가 그렇다. 그리고 상대를 비웃거나 자신보다 얕잡아 보는 웃음과 미소가 보통 그렇다. 이런 웃음은 지금껏 말했던, 웃음으로 인해 얻을 수 있는 건강한 뇌와 몸의 효과와는 거리가 멀다. 이는 긍정적인 효과가 아닐 뿐더러 뇌를 건강하게 그리고 혁신적으로 바꾸기 위한 행동과는 거리가 멀다.

건강한 정신을 가지고 있는 지성인 이라면 많이 웃고, 시기적절 할 때 웃는다. 이런 사람들은 이성뿐만이 아니라 누구에게나 인기가 있기 마련이다. 일본의 군마중앙병원의 병원장이며 25년 경력의 신경외과 전문의 다카자키 원장은 뇌의 기능이 정상이 아니면 웃을 수 없다고 말하며 웃을 수 있다면 병원에서 퇴원시킨다고 한다.

일소일소일노일노(一笑一少一怒一老)라는 말이 있다. 한번 웃으면 한번 젊어지고, 한번 화내면 한번 늙어진다는 뜻이다. 현재 우리나라 자격증 중에는 '웃음 치료사'라는 자격증이 있듯이 많은 사람들이 웃지 않고 살아간다는 걸 말해주고 있다.

이제는 뇌의 건강과 젊음을 위해서라도 많이 웃어 보길 바란다. 억지로라도 미소 지어 보길 바라며 계속 웃어 보길 바란다. 미소 지으면 뇌도 미소 짓는다. 그리고 세상도 함께 당신을 향해 미소 지을 것이다.

잘 웃을 수 있는 TIP

01. 자주 거울을 보며 억지로라도 미소를 지어보자.

스스로 행복하다고 하는 사람들은 자주 웃는다. 그렇다고 그들의 일상에 정말 행복한 일들만 있을까?
아니다. 그들에게도 분명 웃지 못 할 일들도 많고 눈물도 있다.
그러나 "행복해서 웃는 게 아니라 웃어서 행복하다"라고 말한다. 가끔은 거울을 보며 미소 지어보자. 미소가 웃음으로 바뀌는 건 시간 문제다.

02. 어떤 상황이든 그 상황을 이미지화 해보자.

모든 상황을 연필로 그려진 만화 속의 한 장면이라고 상상해보자. 그 순간이 비록 화나고 짜증나는 일이라 할지라도 곧, 진정되고 미소가 번질 것이다.

03. 살다 보면 언제나 긍정적일 수 없다. 항상 긍정적인 마음을 갖도록 노력하자.

슬플 때도 분명 있다. 그러나 그 시간들이 우리가 바라는 목표와 성공에는 도움을 주지 못한다는 사실을 알고 있다. 긍정적인 마음을 갖도록 늘 노력해라. 몸에만 근육이 있는 게 아니라 뇌에도 근육이 있다. 뇌 안에 있는 긍정의 근육을 키워라.
스스로 유쾌하면 저절로 미소가 흘러 나올 수 밖에 없다.

04. 당신과 함께 웃을 수 있는 친구를 많이 만들어라.

여럿이 함께 웃는 것이 혼자 웃는 것보다 약 33배의 웃음효과를 볼
수 있다. 그러니 당신의 취미와 관심사를 나누며 함께 웃을 수 있는
친구를 많이 알아두자.

05. 즐거운 마음으로 운동 한다.

운동할 때도 즐거운 마음으로 웃으면서 해야 다이어트 효과가 높아
진다. 늘 그렇듯 마지못해 억지로 하는 운동은 재미가 없다. 재미없
는 운동은 곧, 힘든 운동으로 변한다.

운동을 하는 이유는 자신을 위해서 하는 것임을 잊지 말고, 하루 하
루 즐겁게 운동을 해라. 자신의 건강과 아름다운 몸을 가꾸고 만들
기 위한 것임을 잊지 말자.

Chapter

[**02**]

즐기는
뇌

:

내일 죽을 것처럼 즐겨라.
당신의 뇌는 튀어 오를 것이다.

Part 01

놀아라!
놀지않는 뇌는
브레이크 없는 자동차와 같다

자동차 정비소에 차를 맡겼다. 정비공이 엔진오일을 갈기 위해 자동차 보닛을 열었다. 곁에서 보니 빈 구석이 많았다. 정비소 직원에게 물었다.

'이렇게 빈 구석이 많으면 교통사고가 났을 때 너무 위험한 것 아닌가요? 너무 약해 보이는데요?'

정비소 직원은 오히려 내게 물었다.

'그럼 이 빈 공간을 튼튼한 쇠로 가득 채우면 안전할 것 같습니까?'

나는 대답했다.

'그럼요. 무거워서 속도가 안 나가기는 하겠지만 자동차 앞부분에 빈 공간이 없다면 훨씬 더 안전해지지 않을까요?'

그러자 그는 빙긋이 웃으면서 말했다.

'그러면 아주 작은 사고에도 손님의 내장이 터지고 말 걸요?' 사고
가 났을 때 충격을 완화 시켜줄 완충작용이 일어날 공간이 있어야
하거든요. 강하다고 안전한 차가 아닙니다. 사고가 나면 차는 찌그
러져야 합니다. 그래야 사람이 안전합니다.'

- 〈노는 만큼 성공한다 중에서〉

7, 8월에는 많은 이들이 여행을 떠나거나 가족들과 또는 친구들과
휴가를 즐긴다. 업무로 쌓인 피로와 스트레스를 휴가기간에 풀기도
하고 그 동안 가족, 가까운 사람과 못다한 정을 나누기도 하는 시간
이기도 하다. 그러나 당신에게 묻고 싶다. 그대. 잘 즐기고 있는가?
아니 잘 놀고 있는가? 얼마나 잘 놀고 있는가?

많은 이들이 휴가를 떠나거나 쉬는 날에도 회사 업무에 신경을 쓴
다. 바쁜 회사업무 가운데 '나만 쉬는 거 아냐? 이러다 나만 찍히는
거 아냐?'하며 갖지 않아도 될 미안함과 불안한 마음을 가져 휴가를
제대로 즐기지 못하고 있다. 또는 휴가를 즐기는 것이 자신의 위치를
불안하게 만드는 것은 아닐까? 하는 마음을 갖는다. 그래서 쉬는 날
이지만 컴퓨터와 스마트폰으로 업무를 보거나 계속해서 회사의 상황
을 확인 한다. 그렇게도 기다리던 주말, 휴가인데도 말이다.

많은 사람들이 진짜로 쉬지않고 있다. 즉, 쉬어도 쉬는 것이 아닌
가짜로 쉬고 있다는 말이다. 이제는 진짜로 놀아야 한다. 제대로 놀

아야 한다.

한가한 소리를 하려는 게 아니다. 지면을 채우기 위해 얄팍한 수를 쓰는 것도 아니다. '놀아야 한다' 어린아이보다도 나이 먹은 어른이 더 놀아야 한다. 그것도 잘 놀아야 한다.

꼭 휴가 기간이 아니더라도 놀 수 있는 시간과 환경이 주어졌을 땐 다른 건 신경 쓰지 않고 과감하게 놀이에만 집중 할 수 있어야 한다. 친구 가족들과 즐거운 이야기를 하고, 맛있는 걸 먹으며, 쉬는 것이 효율적이지 못하고 시간의 사치라고 생각해서는 안 된다. 잘 놀지도 못하고, 일도 제대로 못하는 것이 생산적이지 못한 것이고, 시간을 효율에 맞게 사용하지 못하는 것이다.

현대인들의 뇌는 이런 상황에서 정말 놀고 있다고 말할 수 있을까?

혹시 주변에 열심히 사는 사람들이 있는데 나만 놀고 있을 수 없다고 생각하는 사람이 있는가? 아니면 '지금 내가 한가롭게 놀고 있을 때냐? 노는 건 나중에도 할 수 있다고 생각하지는 않는가?' 근면 성실하지만 자신의 일에 푹 빠져 오로지 일에만 열중인 사람이 당신 주변에 있는가? 그 사람이 혹시 당신은 아닌가?

노는 것은 당신의 뇌와 삶에 매우 중요한 일이다.

데이터 보관과 관리, 폐기, 분석 전문 업체인 EMC는 IT시장조사 기관 IDC에 의뢰한 보고서를 통해 2011년 한해 생성되고 복제되는 디지털 정보량이 약 1.8 제타바이트(Zeta Byte)에 달할 것이며, 전세계의 디지털 정보량은 매 2년 마다 2배씩 증가할 것이라는 전망을 내놓았다.

이름도 생소한 1.8제타바이트를 설명한다면 대한민국의 모든 사람(약 4875만 명, 2010년 기준)들이 17만 847년 동안 쉬지 않고 매 분마다 3개의 트위터 글 게시. 2천억 개가 넘는 HD 영화 (상영 시간 2시간 기준) 한 사람이 쉬지 않고 4700만년 동안 시청할 분량. 32 기가바이트 용량의 아이패드 575억 개의 아이패드로는 멕시코 시티의 86%되는 면적을 덮을 수 있으며 이는 서울 면적의 2.1배에 해당한다. 또한 중국 만리장성의 현재의 평균 높이 보다는 2배 높은 장벽을, 일본의 후지산 보다 25배 높게 쌓을 수 있는 개수이다.

컴퓨터 데이터의 표시 단위로는 KB(킬로바이트) 〈 MB(메가바이트) 〈 GB(기가바이트) 〈 TB(테라바이트) 〈 PB(페타바이트) 〈 EB(에사바이트) 〈 ZB(제타바이트) 〈YB(요타바이트) 순이다.

한국EMC가 발표한 IDC 보고서에 따르면, 2007년 한 해 동안 대한민국에서 생성, 복제된 모든 디지털 정보의 양은 2006년 2,891페타바이트(PB) 보다 무려 53%나 증가한 4,401페타바이트 규모로 조사되었다. 이는 한반도의 해안 연안선(총 8,593km)을 따라 책으로 100m 폭의 벽을 11m 높이로 쌓을 수 있는 어마어마한 분량이다.

2016년 현재 정보의 양은 상상하기도 힘들 정도다.

2011년 대한민국에서 생성, 복제된 정보의 양

책 1권 = 1MB
한반도의 해안 연안선 = 총8.593km

한반도 연안선을 따라 책으로
100m 폭의 벽을 70m 높이까지
쌓을 수 있는 분량

- 2011년 대한민국 디지털 정보량

이처럼 하루에도 수없이 많은 정보를 처리해야 하는 우리의 뇌는 피곤하다. 직장이든 가정이든 그곳이 어디든 우리 뇌가 처리할 수 있는 정보의 양과 한 번에 받아들일 수 있는 정보는 한계가 있다. 뇌가 받아들이는 정보의 한계에 도달하면 중요도에 상관없이 더 이상 판단을 내릴 수 없게 된다.

수없이 많은 정보들 중에는 중요하지도 않고 굳이 알아야 할 필요가 없는 정보들도 넘쳐난다. 우리의 일상은 생활에서 받아들여야 하는 정보와 사실, 그리고 뉴스 속에서도 불 필요한 쓰레기 정보는 과감히 버려야 한다.

불 필요한 정보는 즉각 즉각 지워(놓아)줘야 하지만 현실적으로 매번 그렇게 하기엔 다소 무리가 있다. 그래서 주말 또는 휴가 기간에 필요 없는 정보를 제거해줘야 한다.

휴지를 휴지통에 버리듯 뇌 안의 불 필요한 정보를 지우는 방법은 신나게 놀아야 한다. 매일 놀 궁리를 하며 어떻게 하면 더 재미있게 놀 수 있을지를 생각하고 늘 재미를 추구하는 사람들이 있다. 바로 진짜로 제대로 놀고 있는 어린 아이들이다. 그들은 낮에 그렇게 신나게 놀아 밤에 코피가 터져도 또 다시 논다.

놀아야 한다면 이들처럼 놀아야 한다. 우리가 어린 아이들에게 배워야 할 점이 있다면 바로 이런 프로 정신이다.

놀 땐 노는 것에만 집중하고 놀이에만 신경 써야 한다. 집중해서 노는 것이 진정 프로이며 뇌를 위한 방법이다.

놀지 못하는 사람들, 일만 하는 그들의 얼굴은 십중팔구는 웃음 띤 얼굴이 아니다.

물론 그들의 근면 성실은 한국 사회를 비롯해서 전 세계에 꼭 필요한 인간의 덕목이다. 이것은 앞으로도 변하지 않을 인간의 아름다운 덕목 중 하나다. 그러나 근면 성실한 그들의 표정은 죽지 못해, 마지못해 산다, 먹고 살려니 어쩔 수 없다는 표정이 대부분이다. 휴식이 없고 계속 일만 한다면 언젠가는 지쳐 꼬꾸라지기 십상이다.

우리 뇌도 마찬가지다. 놀아줘야 한다. 사실 우리 뇌는 바쁘게 움직이고 끊임없이 무언가를 생각하며 활동하고 있다. 뇌는 24시간 활동한다. 다시 말해 당신이 잠자리에 들어도 뇌는 잠을 자지 않는다는 소리다. 이렇게 계속해서 활동하고 있는 뇌에게, 당신이 시간을 내서 휴식시간을 주지 않는다면, 우리 뇌는 정말 엄청난 강제노역에 시달리고 있는 거나 마찬가지다.

많은 아이디어를 생각해내고 무언가를 발명한다는 것은 무조건 정보만 받아들이고 기억한다고 해서 발휘되는 건 아니다. 시작과 끝이 있고 원인과 결과 있듯이 삶을 살아가면서 쌓였던 스트레스에는 놀아야 한다. 마음 편히 논다고 해서, 하늘이 무너지는 것도 아니다. 미안한 마음, 불안한 마음을 가질 필요가 전혀없다.

뇌는 재미를 느끼고 즐거워하면 정보를 받아들이고 수용하는데 어려움을 느끼지 않는다. 반면에 재미없고 어렵다고 느끼면 그만큼 정보를 받아들이고 수용하는데 어려움을 느낀다.

즐겁다는 건 행복을 느낀다는 것이다. 행복할 때 뇌의 기능은 최대치가 된다. 만약, 공부가 즐겁고 재미있다는 학생들이 지금보다 많아진다면 우리나라는 지금보다 더 빠르고 눈부신 발전을 하게 될 것이다.

팽팽하게 당겨진 고무줄을 잡고 있는 것처럼, 긴장된 삶만을 산다면 당신은 어찌되겠는가? 충분히 긴장을 늦추는 삶. 휴식이 필요하다. 누구나 삶의 마지막인 죽음을 앞두고 어제 못다한 일로 인해 아쉬워하거나 열어보지 못한 이메일을 궁금해 하는 사람은 없다.

포드 자동차의 회장 헨리 포드는 이런 말을 했다.

'사람은 일하기 위해서 이 세상에 태어났다. 모든 사람은 자기 능력에 맞게 자기가 하고 싶은 일을 할 때 가장 빛난다. 그러나 일만 알고 휴식을 모르는 사람은 브레이크가 없는 자동차와 같이 위험하기 짝이 없다.'

차 한대가 없는 뻥 뚫린 넓은 도로가 있다고 해서 언제까지나 엑셀레이터만 밟을 수만은 없다. 하물며 매일 스트레스가 쌓이고 일상에 치이는 삶을 살아가는 우리에게 적절한 휴식과 놀이는 절실히 필요하다.

예나 지금이나 근면 성실하게 열심히 일하는 모습은 당연히 칭찬받고 본받아야 마땅하다. 그러나 자신의 인생을 일만 하는 일의 노예처럼 살아가는 것이 아니라, 일도 하면서 인생의 주인공으로 살아가는 자세가 필요하다. 당신이 세상과 이별할 때, 못다한 일 때문에 아쉬워 한다면 이것처럼 슬픈 인생도 없다.

02

뇌가
사랑하는 독서

퇴계가 젊은 시절 주자전서를 처음 만났을 때의 일이다. 유례없는 더위로 팔도강산이 몸살을 앓고 있었다. 그때 퇴계는 방문을 꼭꼭 닫아 걸고서 독서를 했다.

그 소식을 듣고 걱정이 된 친구가 한달음에 찾아갔다. 이미 전에 한 번 독서하다가 중병에 걸린 전력이 있던 퇴계가 아닌가.

퇴계의 건강을 걱정하면서 어쩔 줄 몰라 하는 친구에게 퇴계는 이렇게 말했다.

"걱정하지 말게. 이 책을 읽고 있으면 가슴 가득 시원한 기운이 감돌면서 깨달음이 느껴져서 더위를 느낄 수 조차 없다네. 어디 그 뿐인가. 이 책을 읽으면 학문하는 방법을 알 수 있는데, 그 깨달음을 얻으니 독서가 갈수록 즐겁고 흥이 나네. 이 책의 의미를 충분히 깨치고 나서 사서를 다시 읽었는데 성현의 한 말씀 한 말씀이 전혀 새

롭게 깨달아지는 것 아니겠나. 덕분에 나는 학문하는 방법을 제대
로 알게 되었다네."
— 〈리딩으로 리드하라〉 이지성

필자가 한번 맞춰 보겠다. 아마 당신은 지금껏 살면서 책이 좋다는
말, 독서가 중요하든 말은 수없이 많이 들었을 것이다. 그럼에도 불
구하고 필자가 독서의 중요성을 말하는 데는 그만한 이유가 있다.

한 권의 책이 사람의 뇌를 바꿔 인생을 바꾼다. 당신은 '몰입'이라
는 단어를 알고 있을 것이다. 당신이 독서를 하면 몰입이라는 것도
쉽게 경험을 해 볼 수 있다. "몰입이란 어떤 일에 집중하는 것이다.
집중하고자 그것에 완전히 젖어, 순간 자신을 잊어버리는 심리적 상
태가 몰입이다.

독서를 통해 몰입의 상태를 자주 경험 한다면, 뇌는 물론 당신의
자아는 더 큰 확장을 이룬다. 다시 말해 더 커진 당신의 자아를 만나
게 된다.

그렇다면 책의 중요함과 좋은 점들이 있지만 정작 독서를 할 때 우
리의 뇌는 어떤 변화가 있을까? 책을 읽는 것은 단어를 보며 문장을
만들고 해석하는 것 그 이상이다.

이 실험을 주도한 일본 도호쿠 대학 미래과학기술 공동연구센터
의 가와시마 후토시 교수는 "독서가 두뇌를 활성화시켜 결과적으로
두뇌 능력을 향상시킨 것"이라고 말했다.

독서할 때 뇌의 활동이 더 활발해지는 사례는 또 있다. 치매 증상이 있는 노인에게 하루 20분 간 '읽고, 쓰고, 간단한 계산'을 하게 했다. 그 결과 놀랍게도 치매 증상을 겪고 있는 노인들이 더 이상 대소변을 가리지 못해 기저귀를 차거나 하는 일이 없어졌고, 사람을 알아보고 일상적인 대화를 훨씬 자유롭게 구사한다는 효과가 발견됐다. 물론 사례일 뿐이다. 그러나 독서가 뇌에 많은 영향을 준다는 사실을 증명했다.

책 읽기는 뇌를 훈련하고 연마하는 가장 저렴하고 효율적인 활동이다. 다시 말해 독서할 때 뇌의 활동이 활발해져 예전 보다 머리가 좋아지게 된다.

가와시마 후토시 교수는 초등학생 10명에 동화책을 2분간 소리 내어 읽게 한 뒤 기억력 검사를 하는 실험도 했다. 그리고 열흘 정도가 지난 후에 책을 읽은 집단과 그렇지 않은 집단의 기억력을 조사해 보니 책을 읽은 집단의 기억력이 10~20퍼센트 높게 평가되었다.

독서를 통해 새로운 정보가 입력이 되면 뇌는 전두엽과 해마를 거쳐 대뇌피질 전반에 정보를 저장한다. 이때 아세틸콜린(Acetylcholine), 세로토닌(Serotonin)을 비롯한 여러 신경전달물질을 균형과 새로운 신경세포 형성이 이뤄지게 된다.

아세틸콜린은 기억을 하기 위해서 꼭 필요한 신경전달물질로서 우리가 잠이 들어 꿈을 꾸게 될 때 많이 분비되고, 기억을 끄집어내는 작용을 한다. 또, 아세틸콜린의 부족은 인지장해를 일으킨다. 실제로 알츠하이머 앓고 있는 사람의 뇌 내에서는 아세틸콜린이 부족한 증상을 보인다.

세로토닌은 감정을 조절한다. 계속 우울하거나, 잠을 제대로 못 자거나, 지소적인 짜증을 느낀다면 세로토닌 부족을 의심해야 한다.

뇌를 고장 내는 질병인 치매 발병률도 독서를 통해 낮출 수 있다. 운동을 꾸준히 하면 근육이 단련이 되듯, 독서를 꾸준히 하게 되면 활발한 두뇌활동을 통해 뇌가 단련이 되어 치매 발병 가능성이 낮아진다.

하지만 무리해서 몇 시간씩 독서를 하는 것은 바람직하지 않다. 하루 한 시간 내외로 하는 것이 좋고, 이미 알고 있는 내용을 반복해서 읽기보다는 새로운 정보를 습득해서 뇌에 자극을 주는 과정이 중요 하다.

뇌의 전두전야라는 곳이 있다. 뇌 안의 또 다른 뇌라고 불리며 고도의 지식이나 기술을 처리하는 사령탑과 같은 부분이다. 뇌의 앞부분에 있는 전두전야는 인간에게만 특별히 발달된 부분이며 창의력, 기억력, 의사소통 능력 등을 담당한다. 독서를 함으로써 이 전두전야를 더욱 발달시킬 수 있다.

그런데 우리가 가볍게 생각하지 말아야 하는 것은 컴퓨터 게임을 자주해도 뇌에 문제가 없다는 생각을 갖는 것이다.

물론, 컴퓨터, 스마트폰 게임이 공각지각능력, 집중력을 높여줘 치매 예방에 도움을 주기도 한다. 하지만 오랜 시간 게임은 오히려 기억력과 판단력을 저하시키는 원인이 된다. 컴퓨터 게임은 일반적으로 기억력 중추인 전두엽, 해마, 대뇌피질을 자극하기 보다는 뇌의 쾌락 중추인 측좌핵 등을 자극한다. 측좌핵은 술을 마시거나 도박을 했을 때 전해져 오는 쾌감을 느끼는 부위이기 때문에 중독되기 싶고 기억력을 향상시키거나 유지시키는 데는 도움이 되지 않는다.

하지만 독서는 뇌의 많은 긍정적 변화를 일어나게 한다. 책을 읽지 않는다는 것은 오직 하나의 인생을 살 뿐이다. 그러나 독서는 저자의 인생을 3시간 만에 살아보는 것과 같다. 즉, 책을 읽는 다는 것은 저자의 인생을 살아 볼 수 있는 기회를 갖게 되는 것이다.

한번뿐인 인생이 아닌 또 다른 인생을 간접 체험해 보는 것이며 다른 사람이 되어 생각하게 되고 바라보게 된다. 이처럼 독서를 한다면, 뇌에 좋은 자극이 가 매일 두뇌 마사지를 받는 효과가 있다.

문자로 뇌에 자극을 준다는 것은 인간만이 할 수 있는 고유한 능력이다. 책에서 말하는 시각, 청각, 후각, 촉감 등 다른 감각까지 뇌는 글로 인해 계속해서 자극을 받고 변화되어 간다. 문자로 자극 받은 뇌는 세상을 바라보는 관점이 달라질 수 밖에 없고, 좀 더 넓은 시야로 갖게 된다. 만약 당신이 어떠한 효과를 보려고 독서를 하겠다고 마음을 먹는다면 차분히 여유를 갖고 시작해야 한다.

분명한 점은 독서는 100% 당신이 투자한 시간 그 이상으로 당신에게 투자 수익이 돌아 간다. 그러나 그 혜택을 받는 순간이 오늘이 될지, 한 달 뒤가 될지, 1년 뒤가 될지는 아무도 모른다. 그러니 여유를 가지고 즐기며 독서를 해라.

모두가 독서의 중요성을 알고 있다. 그래서 누구나 "책 좀 읽어야 하는데" 하는 생각은 기본적으로 가지고 산다. 책은 손에 쥐고 읽기까지는 오로지 자기 의지력에 달려 있다.

그러나 소파에 누워 리모컨을 돌리며 "책 좀 봐야 하는데"하는 사람들은 1년 뒤에도 변치 않고 한결같은 모습으로 "책 좀 봐야 하는데"라고 말하고 있다. 아무리 영양가 있고 맛있는 음식이라 할지라도 일일이 떠먹여 줄 수는 없는 노릇이다.

당신의 수고가 반드시 필요한 것이 바로 독서다. 책은 손에 쥐고 읽기 까지는 오로지 자기 의지력에 달려 있다. 한 자, 한 자, 한 문장씩 읽고 내용을 이해해가며 읽어가야 한다. 더구나 누가 다 읽었냐고 물어보며 한 장씩 넘겨주지도 않는다. 당신이 손수 알아서 넘겨야 한다. 뿐만 아니라 컴퓨터 게임이나 모바일 게임처럼 즉흥적이지도 않다. 꽤 오랜 시간 책을 읽어야 하는 인내가 필요하다.

당신은 그렇지 않아도 편하게 지내고 싶은데 어디 하나 쉬운 게 없다고 생각할 지도 모른다. 부정하지는 않겠다. 다만 앞에서도 말했듯이 독서는 투자 대비 100%효과 라는 탁월한 수익성을 가지고 있는 상품이다. 그러니 인내심을 가지고 시작해 보길 바란다.

필자 역시 100% 수익성을 가진 독서에 투자했기에 이렇게 당신과 글로 만날 수 있는 기쁨을 누리고 있다. 선택은 당신의 몫이다.

항상 당신 주변에 책을 놓아 두길 바란다. 사랑하는 사람도 자주 보지 않으면 마음에서 멀어져 간다. 책 역시 마찬가지다. 항상 주변에 손을 뻗으면 닿을 수 있도록 책을 놓아 두어라. 지금 읽고 있는 책을 계속 옆에 두지 않아도 괜찮다. 아직 읽지 않은 책 일지라도 당신의 서랍, 가방, 책상, 선반 위 어디든 좋다. 놓아 두어라. 그럼 읽게 되어 있다. 이 모든 건 결국 당신의 뇌를 바꾸기 위한 노력임을 잊지 말기를 바란다.

TV를 보더라도 옆에 책은 항상 놓아 두길 바란다. 책을 읽어야 한다는 어느 정도의 부담감을 갖고 있어야 한 장이라도 더 볼 수 있게 된다.

TV, 스마트폰은 독서를 방해하는 가장 큰 장애 요인들이다. 그러니 의식적으로 이것들을 사용하는 시간을 줄이도록 해야 하며 가급적 물리적으로 거리를 두는 것이 좋다.

독서가 자녀 교육에 좋다는 건 두말하면 입 아플 정도다. 교육은 백년지대계라고도 한다. 조기교육으로 영어공부를 시키는 것도 좋지만 필자는 독서교육을 먼저 시키라고 말하고 싶다. 어렸을 때부터 아이들이 자발적으로 독서하는 습관이 잡힌다면 아이들의 뇌에 자신만의 인생 청사진을 미리 그려볼 수 있는 힘을 갖게 만든다. 이것은 아이들에게 앞으로 살아가면서 많은 시간을 벌 수 있게 한다.

아이들이 자발적으로 독서를 할 수 있도록 부모가 먼저 읽는 모습을 보여 준다면 아이들은 따라 온다. 부모가 먼저 책을 읽어주자. 아이들은 조금씩 책에 대한 거부감이 줄어들고 흥미를 갖게 된다.

읽은 책에 대해서 부모가 이야기 하며, 궁금하듯 질문 한다면 아이들은 신나 한다. 쉬지 않고 부모와 얘기하려 할 것이고, 아이들은 책을 읽는 다는 것이 더 이상 따분하고, 재미없는 것이 아니라 씹을 수록 맛이 나는 음식처럼 좋아하게 되고, 재미를 느끼게 된다. 나이가 적은 어린 아이 일수록 모든 지식들을 스펀지처럼 빨아들인 다는 것은 익히 알려져 있는 사실이다. 독서를 통해서 아이들의 뇌를 창의력이 가득한 뇌로 키울 수 있다. 당장 영어 단어 외우고 말하는 것이 중요한 게 아니다. 독서를 함으로써 뇌가 깨어난다는 것을 알아야 한다.

당신이 알고 있는 유명한 사람들. 그리고 세상에 이름을 알리고 자신의 인생에서 획을 그은 사람들. 모두 한결같이 독서의 중요함을 말한다. 결국 책 한 권으로 평범한 뇌를 바꾸고 혁신적인 뇌로 바꾼 것이다.

스티브잡스, 빌게이츠, 정약용, 손정의, 워렌버핏 등, 독서의 중요함을 말하기 위해 성공한 이들을 말하기엔 책의 지면이 아까울 정도로 너무나 많다.

명심해야 한다. 책은 뇌를 혁명적으로 바꿔줄 강력한 도구이자 당신만의 무기가 된다. 독서의 힘을 무시하지 말고 꾸준히 붙잡아 보길 바란다. 당신의 뇌는 혁명적으로 변화를 하게 된다.

독서를 습관화 할 수 있는 *TIP*

01. 책을 읽든 읽지 않든 주변에 항상 읽을 책을 놓아 두어라.

자신의 시선에서 항상 책이 있어야 읽어야겠다는 생각을 가지게 된다. 시선 밖으로 사라지는 책은 마음에서도 멀어지기 마련이다.

02. 독서 스케줄링은 독서에 대한 꾸준한 흥미를 가지게 만드는 역할을 한다.

독서 스케줄링 표를 만들어 매주 또는 매월 읽은 책을 기록해 두어라. 매일 매일 하거나 주, 또는 월마다 기록을 한다. 자주 기록하기 어렵다면, 한 번 할 때 몰아서 책의 양을 표시하거나 책의 제목을 적어 놓자. 그러나 가급적이면 책을 읽을 때 마다 기록하는 것이 좋다.

03. 출 퇴근 시간을 이용해 독서를 해라.

출 퇴근 시간을 이용해야 한다. 바쁜 현대인들에게는 출 퇴근 시간을 잘 이용하면 상당히 많은 시간을 모을(SAVE)할 수 있다. 뿐만 아니라 오히려 편하게 앉아서 책을 읽는 시간보다 짧은 시간이지만, 몰입해서 책을 읽을 수 있다. 출 퇴근 시간을 이용하여 하루 30분씩 읽는다면 한 달에 1권은 일도 아니다.

그러나 피곤하거나 컨디션이 좋지 않은 날은 읽지 마라. 욕심이 오히려 독서의 흥미를 잃게 한다. 자기 스스로 컨디션을 조절해야 한다. 책 읽기가 힘들다고 생각이 들면 과감히 멈추고 쉬어라.

만약 앉아서 출근하고 있다면 차라리 눈을 감고 쪽잠을 청해라. 그게 더 효율적이다. 억지로 계속 책을 읽는 다면 자칫 독서가 하기 싫어지고, 어려운 숙제처럼 느껴져 버린다.

04. TV와 스마트폰을 멀리하고 가급적이면 이용시간을 줄여라.

TV와 스마트폰은 당신의 발전과 성공을 가장 방해하는 물건들이다. 적절하게 이용하면 문제될게 없다. 하지만 적절하게 이용한다는 것이 힘들다는 걸 당신도 안다. TV와 스마트폰을 가급적이면 사용하지 않겠다고 다짐하고 의도적으로 멀리하고 피해라.

정해진 시간에서 조금씩 시간을 줄여가며 TV와 스마트폰을 이용해라. 처음이 어렵지 한 번, 두 번 하다 보면 어느새 예전과는 다른 자신을 느낄 수 있게 된다. TV와 스마트폰을 멀리해 남는 시간을 수익률 100%인 책에 투자해라.

05. 가급적이면 아침 일찍 책을 읽어라.

5분 또는 10분 일찍 일어나서 책을 읽어라. 5분 또는 10분 일찍 일어나 책을 읽는 그 시간은 다른 어떤 시간 보다 몰입도가 높아 책 읽는 속도가 빨라진다. 바쁜 현대인들에게 아침에 일찍 일어나서 책을 읽는 다는 것이 너무 어렵고 부담을 느낄 수 있다. 하지만 당신이 아침에 일어나서 5분 또는 10분 책을 어렵지 않게 읽을 수 있게 된다면 또하나의 성공으로 가는 지름길을 발견한 거와 같다. 필자 역시 아침에 일어나 잠깐씩 책 읽는 독서 습관이 이어져 책을 쓰게 되었다.

독서를 습관화 할 수 있는 TIP

06. **책을 읽기 싫은 날은 읽지 말아라.**

피곤하지도 않고, 특별히 할 일도 없고, 그렇다고 졸립지도 않다. 하지만 책을 읽고 싶지 않을 때가 있다. 이럴 때는 억지로 독서를 하겠다고 책을 손에 쥘 필요 없다. 운동도 억지로 무리해서 하다 보면 부상을 입는다.

읽기 싫은 날은 가볍게 책을 덮어라. 다만 책을 읽지 않은 그날은 꼭 기록해 둬야 한다. 읽고 싶지 않았던 그 순간의 기분을 스케줄링에 적어 두자. 시간이 흘러 지난 스케줄링 표를 보면 현재 읽고 싶지 않던 기분까지도 자신이 컨트롤 할 수 있는 때가 온다.

07. **한 권을 읽으면 자신에게 적절한 보상을 해줘라.**

독서 습관이 아직 만들어 지지 않았다면 스스로에게 보상을 해주는 방법도 좋은 방법이 된다. 한 권의 책을 읽고 작은 선물이라도 스스로에게 선물해준다면 꾸준한 독서 습관을 갖게 된다.

08. **지나간 독서 스케줄을 보며 자신의 독서 패턴을 읽혀라.**

컨디션이 좋았을 때와 나빴을 때, 감정 상태를 알아두면 앞으로 독서를 할 때 방해 받는 조건들을 피할 수 있다.

Part 03

수면에
집중하라

상상력을 더욱 활성화할 방법이 있을까? 지금 가지고 있는 상상력
을 극대화 시킬 수 있는 방법이 있을까?

일단 한숨 자고 다시 생각해보자.
눈치챘는가?
창의력을 자극하는 데는 잠이 최고다.

벤젠의 분자 구조를 밝혀낸 독일의 화학자 프리드리히 아우구스트
케쿨레는 꿈속에서 뱀이 자신의 꼬리를 물고 있는 모습에서 분자
구조는 직선이 아니라 고리 모양이라는 걸 알아냈다.

미국의 발명가 일라이어스 하우는 일일이 사람 손으로 꿰매야 하는
힘든 바느질을 대신해 주는 기계라는 혁신적인 아이디어를 꿈에서
얻었다. 바로 재봉틀의 발명이다.

그는 재봉틀의 바늘을 상하로 움직이게 하는 데 까지는 성공했으나

바늘을 어떻게 만들어야 할지 몰라 실패를 거듭하고 있었다.

그러던 어느 날 이상한 꿈을 꾸었다. 어떤 식인종들이 밀림 속에서 뾰족한 창으로 계속해서 그를 위협했다. 창을 겨누며 다가오는 식인종의 창 끝에는 구멍이 뚫려 있었다. 순간 그는 재봉틀의 핵심인 바늘을 만드는 방법을 알아냈다.

대부분의 사람들은 직장이나 학교에서 보내는 것을 제외 하고는 잠을 자는데 시간을 가장 많이 사용하고 있다. 우리는 살아가면서 하루에 한번은 꼭 자게 된다. 수면. 즉, 잠을 잔다는 것은 살아있는 동물들에게는 반드시 필요한 것임엔 분명하다. 일반인이 적당한 수면을 취하지 않고, 생활한다면 일상적인 생활을 하기 힘들 뿐더러 3일을 버티기 어렵다. 활동량이 적고 하루 종일 누워만 있었거나 앉아있는 사람이라도 예외가 아니다.

밤이 되면 우리는 여지없이 잠을 잘 준비를 한다. 왜 자야 할까? 꼭 잠을 자야 한다면 한 두 시간만 잠을 자도 괜찮지 않을까? 왜 하루에 한번은 꼭 잠으로 시간을 보내야 할까?

왜, 잠을 자야 할까?

첫째, 우리는 하루를 보내느라 피곤한 몸을 잠을 통해 회복시킬 수 있다. 뿐만 아니라 8시간 정도 잠을 자는 동안 120칼로리 정도만 소모한다. 잠을 통해 그만큼 에너지 소비량도 줄어들게 된다.

둘째, 면역 증강의 효과와 함께 체온조절 그리고 신경세포의 성숙과 기능을 유지시켜 준다. 만약 우리가 어느 날 신경세포가 손상을 입었다면 잠을 자는 동안 손상된 세포를 회복이 이루어 진다. 그래서 사람이 병에 걸리거나 아프면 건강했을 때보다 잘 자야 한다. 깊은 숙면을 취해야 하는 이유는 바로 이 때문이다.

신체적인 성장 또한 잠을 잘 때 주로 이뤄진다. 한창 자랄 나이에 있는 어린이나 청소년이 잠을 제대로 못 자면 성장 발육에 문제가 생긴다. 잠을 자는 동안 성장 호르몬이 분비되어 몸의 성장과 발육을 촉진 시켜야 한다. 성장 호르몬은 주로 밤 12시에서 2시 사이에 많이 분비되므로 이 시간에 잘 자야 한다. 자라나는 아이들이 이 시간에 잠을 자지 않는다면 성장이 늦어질 수 밖에 없다.

성인도 이 시간에 숙면을 취해야 다음날 컨디션이 좋다. 자면서 손상된 몸과 마음을 회복해야 하는데 그렇지 않고 잠을 설치거나 불면증에 시달리면 피로가 쌓이고 다음날이 괴롭기 시작한다.

미국 로체스터대학 마이켄 네더가르드(Maiken Nedergard) 연구팀은 수면이 뇌의 독소를 제거하는 데 아주 중요한 역할을 한다고 밝혔다.

생쥐 실험을 통해 잠을 잘 때는 깨어 있을 때보다 뇌 안에서 물청소 기능(분리 작업 및 독소)이 10배 가까이 빠르게 이뤄지며 뇌 안의 글림프 시스템(glymphatic system)은 쓰레기 제거와 비슷한 기능을 한다고 밝혔다.

뇌세포의 노폐물 중에는 알츠하이머를 유발하는 나쁜 단백질도 있는데, 이 단백질도 글림프 시스템을 통해 제거됐다.

이처럼 잠을 제대로 자지 않았을 때 우리는 많은 문제점을 안고 살아가야 하며, 잠은 우리 인생에서 꼭 필요하고 삶을 유지하는데 너무나 중요하다. 하지만 충분한 수면과 양질의 수면을 취하는 사람은 많지 않다.

각종 생활 스트레스로 인해 불면증에 시달리는 사람들이 너무 많다. 불면증이 만성 불면증으로 이어지면, 두통과 소화 불량을 일으키며, 짜증을 잘 내는 등 일반적인 히스테리, 신경쇠약 증세가 나타난다. 정신병의 약 30%는 불면증을 주 증세로 갖고 있다.

도시화와 산업화된 나라에서는 전체 인구의 10분의 1정도가 밤에 잠을 제대로 이루지 못한다고 한다. 다시 말해 인구 10분 1은 수면 장애를 겪고 있는 셈이다. 현대인들이 이처럼 조금밖에 못 자거나 숙면을 취하지 못하는 이유는 어쩌면 당연하다. 밤에도 꺼질지 모르는 화려한 도시의 불빛이 밤의 일부를 낮으로 만들어 버렸기 때문이다.

산업화가 발달된 나라 일 수록 사람들은 좀 더, 많은 걸 누리고 행복한 시간을 갖기엔, 늘 시간이 부족하다는 생각을 하게 되었다. 아니, 그렇게 믿게 되었다. 하루가 멀다 하고 빠르게 변화되는 세상에서, 충분하게 잠을 잔다는 사실은 어느덧 사치로 받아들여지고 있다.

우리에게 잠은 컨디션의 80%을 좌우한다. 더 나은 하루. 더 나은 미래를 위해서 잠은 잘 자야 한다. '잠'을 사치나 낭비로 생각해서는 안 된다. 잠을 줄여서 무엇을 할까 고민하지 말고, 깨어있는 동안 효율성을 높일 수 있는 방법을 찾고 고민해야 한다.

덜 자고 늦게 자는 패턴은 전형적으로 후진국형 수면 양상이라고 한다. 우리나라는 세계에서 세 번째로 늦게 잔다. 잠을 자는 것을 인생의 사치나 게으름, 낭비쯤으로 생각하기 때문이다.

모든 사람에게는 자신만의 수면 시간과 양이 있기 때문에 습관을 바꾸겠다고 무리하게 잠을 줄여서는 안 된다.

성인 대부분은 7.5시간, 청소년은 9 시간은 자야 두뇌가 잘 충분한 능력을 발휘할 수 있다. 그런데 에디슨은 하루 3시간, 아인슈타인은 하루 10시간 잠을 잤다고 한다. 이렇게 사람마다 수면 생체 시계는 다르다. 아침에 기분 좋게 일어나 지거나, 휴대폰 도움 없이 일어날 수 있고, 하루 종일 괜찮은 컨디션이라고 생각 한다면, 적절한 수면 양이라고 할 수 있다. 만약 피곤하다면 15~30분 정도 더 일찍 잠자리에 들어야 한다. 이처럼 같은 시간을 자더라도 자기 자신만의 수면 특성을 이용하면 더 깊고 양질의 수면에 들 수 있다.

'잠으로 보내는 3분의 1은 깨어 있는 3분의 2를 결정짓는 최고의 변수'라고 한다.
                                        - 〈잠이 인생을 바꾼다〉 한진규

당신의 건강한 뇌와 인생을 위해서 불면증은 꼭 극복해야 한다. 문제는 불면증이 아닌 한, 대부분 잠을 잘 자고 있다고 생각하는데 있다. 하루의 일과를 끝내고 잠들기 전 당신은 아쉬운 마음에 스마트폰으로 이것 저것 검색을 하거나 게임 또는 SNS를 할 수 도 있다. 그러나 이 단순한 행동이 당신의 수면을 방해하고 질을 떨어뜨린다. 결국에는 불면증을 유발 시킨다. 특별히 잘 시간에 검색할 만 한 것도 없지만 습관적으로 휴대폰을 만진다. 자는데 집중해라. 차라리 일찍 일어나 검색을 하거나 아침의 여유를 느끼는 편이 훨씬 생산적이다. 양질의 수면을 위해서 절제 할 줄 알아야 한다.

당신에게 불면증이 있다면 늦게 자는 습관만 고쳐도 불면증을 상당 부분 고칠 수 있다. 단순하게 생각하더라도 늦게 자면 아침이 피곤하다. 늦게 자는 생활 패턴이 당신에게 반복된다면 당신은 부지런한 사람과는 거리가 멀다. 충분한 수면을 취하지 못하면 무엇보다 뇌의 활동이 둔해진다. 당신만의 고성능 슈퍼 바이오 컴퓨터가 일반 저가형 PC로 성능이 떨어진다는 말이다.

성공하고 유명한 위치에 있는 사람일 수록 자는 시간만큼은 규칙적이며 일찍 자고 일찍 일어 난다. 그 반대로 생활하고 있다면 게으른 쪽에 가깝다는 말이다.

게으른 자에 대해 성경에서는 이렇게 말하고 있다.

"게으른 자여! 네가 어느 때까지 눕겠느냐? 네가 어느 때에 잠이 깨어 일어나겠느냐? 좀 더 자자, 좀 더 졸자, 손을 모으고 좀 더 눕자 하면, 네 빈궁이 강도 같이 오며 네 곤핍이 군사 같이 이르리라"

게으른 사람의 뇌는 그만큼 녹이 슬어있다. 다시 예전의 성능으로 돌리려면 닦고, 조이고 기름칠하는 시간과 공을 들여야 한다. 그만큼의 시간을 남들보다 더 사용해야 한다는 말이다. 그러나 부지런한 뇌는 고치고 수리할 필요가 없다. 시간을 아낄 뿐 더러 자신을 위해서 시간을 재투자 한다. 마치 기업에서 매출의 상당 부분을 기술 개발에 재 투자하는 것처럼 말이다.

부지런한 사람. 그리고 부지런 하려고 노력하는 사람. 그들의 모습에는 열정을 느낄 수 있고 멋스러움이 베어 있다. 5분 일찍 자고 일어나는 것. 그러면서 점차 일찍 자는 습관은 몸에 무리가 없다. 당신이 오늘 밤에라도 실천만 한다면 수 많은 성공한 이들이 그랬듯 아침을 여는 부지런한 사람으로 살게 될 것이다.

그러나 게으른 사람이 단시간에 부지런한 모습으로 변화를 주기는 힘들다. 변화에는 그만큼 고통이 따른다. 단박에 좋지 않은 습관을 고치는 것도 좋지만 이런 경우는 몸과 마음이 많은 부담을 느끼게 된다.

필자는 중학생 때부터 새벽에 일어나는 습관을 만들고 싶었다. 그러나 서른이 넘어도 아침 일찍 일어나는 습관을 만들기가 쉽지 않았다. 문제는 습관을 만들겠다고 생각했을 때 너무 무리한 계획 때문이었다. 몸에 무리가 오자 다시 예전의 생활로 돌아갔고, 이런 생활이 반복되고 시간은 계속 흘러갔다. 몇 년이 지나서야 방법을 바꿨다. 욕심을 버리고 1분만 일찍 일어나는 걸로 계획을 세우고 하루 하루 실천했다. 그러면서 점차 5분, 10분 늘려갔고, 이제는 매일 새벽 5시에 일어나는 것이 부담스럽지 않다.

하루 하루 조금씩 뇌를 훈련하며 바꾼다면 몸과 마음에 무리를 주지 않는다. 이 방법으로 변화하는 데 걸리는 시간은 당신이 생각하는 시간보다 훨씬 적게 걸린다. 조바심을 느끼지 말고 천천히 변화를 주어라.

조금 더 일찍 자고 일찍 일어나는 것이 뇌뿐만이 아니라 당신의 삶에 있어 더 큰 이익이다. 새벽을 여는 것은 인생을 오롯이 자신의 것으로 만드는 행위다. 새벽에 깨어있는 뇌는, 산더미처럼 쌓여 처리해야 할 정보들을 떠나서 조용히 당신에게 집중해주는 시간이다. 당신에게만 집중해주는 시간이다. 많은 성공한 이들이 이른 아침부터 활동하기 시작했다. 그것도 자신의 계획대로 말이다. 몸이 너무 피곤하거나, 아픈 게 아니라면, 늦잠은 아무것도 남지 않는다.

전 교보생명 회장이자 교보문고의 창시자인 신용호는 남들보다 잠을 두 시간 덜 자면 네 시간을 번다고 생각했다. 그는 '새벽 한 시간은 저녁 두 시간보다 길고 값지다' 라고 말했다. 또 고 정주영 회장은 아침에 '일을 하고 싶어 일찍 일어난다'고 했다.

나는 젊었을 때부터 새벽 일찍 일어난다. 왜 일찍 일어나느냐 하면 그날 할 일이 즐거워서 기대와 흥분으로 마음이 설레이기 때문이다. 아침에 일어날 때의 기분은 소학교 때 소풍 가는 날 아침, 가슴이 설레는 것과 꼭 같다. 또 밤에는 항상 숙면할 준비를 갖추고 잠자리에 든다. 날이 밝을 때 일을 즐겁고 힘차게 해치워야 하겠다는 생각 때문이다.

내가 이렇게 행복감을 느끼면서 살 수 있는 것은 이 세상을 아름답고 밝게, 희망적으로, 긍정적으로 보기 때문에 가능한 것이다. 나는 생명이 있는 한 실패는 없다고 생각한다. 내가 살아 있고 건강한 한, 나한테 시련은 있을지언정 실패는 없다.

– 〈시련은 있어도 실패는 없다〉 정주영

하루 동안 쉬지 않고 활동한 뇌를 쉬게 하고 뇌에 새로운 정보를 받아들일 준비를 시키는 과정. 규칙적이고 양질의 수면에 집중 한다면 당신의 뇌는 지금보다 더 건강해진다. 마치 강력한 엔진을 장착한 슈퍼카처럼 말이다.

불면증을 피할 수 있는 TIP

01. 자려고 누웠다면 더 이상 스마트폰은 만지지 마라. 일단 누웠다면 스마트폰을 멀리 해라.

스마트폰의 유혹에 넘어가 한 번 보기 시작한다면 10분, 20분은 우습게 지나간다. 잠자기 전 스마트폰을 보는 그 시간은 우리가 숙면을 취하기 위해 준비하는 시간으로 사용해야 한다. 눕기 전에 미리 메일, SNS, 웹을 이용하고, 일단 누웠다면 스마트폰에 대한 더 이상의 미련을 버리고 만지지 마라.

02. 자기 직전에 내일 할 일을 미리 생각해라. 그리고 누웠다면 생각하지 마라.

불면증을 피하기 위해서는 이런 저런 잡념을 없애는 것이 중요하다. 눕기 전에 내일의 할 일들을 점검하고 간단하게 계획해 보는 편이 좋다. 여의치 않다면 노트에 대략적인 할 일들을 적어보며 내일 있을 일을 미리 상상하고 계획해 보자.

다시 한번 말 하지만, 누웠다면 모두 잊어라.

03. 규칙적인 운동을 하거나 자기 직전 스트레칭을 해준다.

꾸준한 운동은 건강한 육체와 정신을 가꾸는 좋은 습관이다. 더불어 꾸준한 운동은 불면증에도 효과가 있다. 하지만 자기 직전 과격한 운동은 오히려 숙면을 방해 하므로 높은 강도의 운동은 피해야 한다. 가볍게 5분에서 10분정도의 스트레칭은 숙면을 유도 한다.

04. 낮잠을 자야 한다면 30분을 넘기지 말고 4시에서 6시 사이에는 피해라.

잠깐의 낮잠은 쌓인 피로와 체력을 회복시켜준다. 하지만 30분을 넘는 낮잠은 그날의 있을 숙면을 방해 할 수 있다. 숙면을 위해서 수면시간에 가까운 4시에서 6시 사이에 낮잠 역시 피해야 한다.

05. 항상 자는 시간에 자야 한다.

항상 자는 시간에 자는 노력을 해야 한다. 불규칙한 수면시간은 불면증을 좀 더 오래 달고 살 수 있게 만든다.

06. 잠들기 전 커피와 술은 피해라.

당연한 이야기겠지만 잠들기 전 커피와 술은 피해야 한다. 커피는 각성 효과가 있기 때문에 수면을 방해하고 잠드는데 걸리는 시간이 길어진다. 뿐만 아니라 인요 작용을 하는 효과가 있어 자는 도중 소변을 자주 보는 상황이 발생할 수 있다.

술 역시 피해야 한다. 술을 마시면 잠이 잘 온다고 착각하는 사람들이 많다. 술을 마시고 드는 잠은 숙면이 아니다. 잠들기 위해서 마시는 술은 불면증을 이기는 것이 아니라 오히려 불면증을 유발시킨다.

불면증을 피할 수 있는 TIP

07. 잠 잘 때는 손발을 따뜻하게 하고 잠을 청해라.

손과 발이 차가우면 잠드는 시간이 길어진다. 미리 수면 양말을 신고 있어 발을 따뜻하게 해주면 좋다. 잠자기 직전 손과 발을 마사지해주거나 따뜻한 물에 족욕을 하는 방법도 좋은 방법이다.

08. 침대에 눕기 한 시간 또는 두 시간 전에 물을 마셔줘라.

수면 중에 목이 말라 깨는 일이 없도록 미리 한 시간에서 두 시간 전에 충분히 물을 마셔두는 게 좋다.

09. 잠들기 3시간 전에는 금식해라.

잠들기 직전에는 음식섭취를 피해야 한다. 이는 숙면을 방해할 뿐더러 소화 불량과 비만을 부르는 생활 습관이다.

Part 04

취미생활은
뇌를 미소 짓게 한다

미국 의사협회가 발행하는 학술잡지에서, 하와이 오아후 섬에 사는 일본계 남성 8006명의 건강과 장수에 대한 역학조사를 보고했다.

그들의 악력을 조사해보니 건강하게 85세 이상까지 장수하고 있는 655명의 평균 악력은 39.5킬로그램인 데 비해 병에 걸린 758명은 39.2킬로그램이었다.

거동을 하지 못하는 사람 1038명은 38.6킬로그램, 85세 이전에 죽은 3369명은 38.5킬로그램이었다.

이렇게 악력이 셀수록 병이 없고 건강하다는 사실이 보고되었다.

- 〈손과 뇌〉 구보타 기소우

당신의 취미는 무엇인가? TV시청, 잠자기, 음악듣기가 취미 생활의 전부라고 말한다면 반성해야 한다. 살아온 인생을 반성 해야 한다. 물론 TV. 잠자기 음악듣기가 취미 생활로서 나쁘다고 말하려는 게 아니다. 그러나 이런 TV시청, 잠자기, 음악듣기를 우리는 굳이 취미라고 하지 않아도 힘들이지 않고 할 수 있다. 하고 싶을 때 언제든 할 수 있다. 그리고 순순한 취미 생활과 비교했을 땐 오히려 쉬는 시간에 할 만한 것들 이라고 할 수 있다.

사람이 살면서 취미 생활 하나 제대로 갖지 못한 삶을 살아가고 있다는 것은 우울하고 슬픈 인생을 사는 거와 다를 바 없다. 그렇다면 왜 꼭 왜 취미 생활을 가져야 할까? '도대체 취미와 뇌가 무슨 관련이 있다는 거야' 의문을 품는 사람이 있다면 그것은 큰 착각이다.

취미 생활은 무엇보다 우리의 뇌를 미소 짓게 한다. 많은 취미 생활이 있지만, 그 중에서도 손과 머리로 하는 취미를 생활을 가지라고 말하고 싶다. 요즘은 즉흥적인 자극만을 찾는 탓에 손과 머리로 하는 취미를 가까이 하지 않는다. 대표적으로 약방의 감초처럼 등장하는 스마트폰과 TV다.

스마트폰과 TV는 우리에게 즉흥적인 재미만 줄뿐 당신의 뇌를 변화시켜주지는 못한다. 그러나 스마트폰도 열심히 손가락들을 움직이며 진행하는 게임이 있어 손을 사용하는 취미라고 말하고 싶을지도 모르겠다. 하지만 손가락을 움직여 뇌를 미소짓게 하는 취미 생활과 스마트폰 게임은 비교할게 못 된다.

생활의 질은 높아졌지만 자세히 보면 우리는 점차 뇌를 사용하지 않는 세상 속에서 살아가고 있다. 우울한 사실은 앞으로 이런 현상은 더 심해질 것이다.

앞으로 지금보다 더욱 더 당신을 편하게 만들어 줄 신기술들이 쏟아 진다. 하지만 새롭고 편리한 기술들은 갈수록 당신의 뇌를 무감각하게 만들게 될 것이다.

점점 무감각해지고 뇌의 떨어지는 기능을 막기 위해서라도, 손을 이용한 취미 생활은 이제 필수다. 없다면 지금부터라도 당신 손을 이용하고 머리를 사용하는 취미를 찾고 갖길 바란다.

그 이유는 손에는 사람의 신체 중에서 다리나 몸보다 훨씬 치밀하게 신경망이 분포되어 있기 때문이다. 우리 신체의 작은 부분이지만, 손의 운동과 감각 부분이 가장 넓은 부위를 차지하고 있다. 언어와 기억 기능 등을 통솔하는 뇌의 중추신경이 양손의 움직임에 더욱 활성화된다.

'더 핸드'란 책을 쓴 캘리포니아 의대의 프랭크 윌슨(Frank R. Wilson) 교수는 "진정한 지식은 순수한 사고에서 오는 것이 아니라 외부 세계의 적극적인 조작에서 온다고 했다. 그는 손으로 자꾸 만지고 머리를 써서 조작하는 기회가 많아지도록 교육 환경을 개선해야 한다고 말한다.

사람의 손은 스물일곱 개의 작은 뼈로 이루어져 있다. 기본 운동으로 '구부리기', '펴기'가 그리고 모으기, 벌리기 등이 있다. 이처럼 사람의 손은 몇 가지 동작으로 수많은 동작을 만들고 활동할 수 있다.

뇌에 가장 많은 정보를 제공하는 동시에 외부의 변화를 받아들여 뇌의 활성화를 돕는다. 뇌 세포를 자극하는 편지 또는 일기쓰기, 뜨개질, 바느질, 목공예, 악기 연주, 종이 접기, 붓 칠하기 등의 취미생활은 뇌 신경을 자극하고 뇌 세포의 기능을 올린다.

물론 바둑, 장기, 체스 등 머리를 쓰는 취미도 뇌 세포의 기능을 올리는데 효과적이다. 다시 말해 당신이 어떤 취미를 갖고 하느냐에 따라 뇌의 기억력 저하를 늦출 수 있다는 얘기다.

미국의 유명 병원인 메이요 클리닉(2009) 신경학자 요나스 게다 박사팀이 국제학술지 신경학회지에 발표한 연구다. 게다 박사는 치매 신호로 꼽히는 인지 장애나 기억력 상실로 진단을 받은 70~89세 노인 197명과 같은 나이 정상 노인 1124명을 대상으로 현재와 50~65세 때의 취미 생활을 물었다. 그 결과, 천을 누벼서 인형 등을 만드는 퀼트, 도자기를 빚는 등의 수공예 취미를 가진 경우 나중에 기억력 장애가 40% 적었다. 노년기 이후에 이 같은 취미를 즐겼던 사람도 기억력 손상이 50%까지 감소했다.

칸트는 "손가락은 대뇌의 파견기관"이라고 말했다. 즉, 살면서 손이 얼마나 중요한가를 잘 표현해주고 있다.

정교한 손을 쓰는 취미 생활은 다양한 영역의 뇌 세포를 자극해 치매 예방에 도움을 준다. 다시 말해 손을 쓰는 취미 생활이 뇌를 골고루 자극 시킨다는 말이다. 뇌가 늙고 건강하지 못하다면 우리의 몸은 그만큼 약해지고 병에 걸릴 확률이 높아 진다. 손을 정교하게 자주 움직이면 뇌의 건강과 노화를 늦출 수 있게 된다.

회의할 때 PPT, 발표할 때 손동작은 훌륭한 언변 이상의 효과를 낸다. 게다가 이런 제스처는 잊혀졌던 기억을 떠올리게 하는 효과도 있다. 최근 손동작이 기억해 내기 힘든 단어를 상기하는데 도움을 준다는 연구 결과도 발표 되었다. 손짓은 단순히 의미를 전달하는 시각 언어가 아니라, 어휘 기억장치의 문을 여는 열쇠라는 것이다.

또 다른 연구에서도 손의 사용에 따른 뇌의 연관성을 다룬 연구 결과가 있다.

손을 사용할 수 없게 한 뒤 정답을 맞추는 데 걸리는 시간을 알아보는 실험이었다. 손을 사용할 수 없도록 막대기를 꼭 잡고 있게 한 뒤, 사람들에게 단어를 찾도록 하고 퀴즈를 내자, 손을 자유롭게 쓸 수 있었을 때보다 정답을 덜 맞추거나 시간이 더 걸린 것이다.

또한 여섯 달 동안 피아노 레슨을 받은 어린이들이 그렇지 않은 집단보다 그림 조각 맞추기 능력이 34% 향상 되는 것도 알려졌다.

이렇게 생활 속에서 없어서는 안될 중요한 손은, 우리가 만지고 느끼는 많은 부분을 뇌로 전달 한다. 머리로 생각하면서 손가락을 정교하게 움직이는 행동은, 단순히 손을 움직이는 것보다 훨씬 많은 뇌 부위를 활성화 시킨다.

손을 움직이면 뇌에 긍정적인 자극과 함께 학습에도 상당한 도움을 주며 효과적인 두뇌 학습법이 된다. 한국 뇌 연구원 서유헌(서울대 명예교수) 원장은 "집중기억연상운동능력을 수행하는 뇌의 다양한 영역을 골고루 자극하는 것이 정교한 손의 움직임"이라고 말했다. 그는 "배운 것을 표현하라고 시켰을 때 입으로만 말한 아이는 33%를 기억해 낸 반면 손동작을 곁들인 아이는 90%까지 기억했고, 6개월간 피아노 레슨을 받은 아이의 그림조각 맞추기 능력은 대조군 보다 34% 향상됐다"고 말했다.

다양한 손동작이 어휘 기억장치의 문을 여는 열쇠이며 전두엽 발달의 매개라는 것이다. 실제 운동감각, 언어기억 같은 기능을 통솔하는 뇌의 중추신경 중 30%는 손의 움직임에 반응해 활성화하는 것으로 밝혀졌다.

손으로 하는 취미는 성취감이 크다. 손놀림으로 완성물을 만들어 내는 것이 성취감을 주면서 스트레스를 낮추고 정서를 안정 시킨다.

그중 대표적인 것이 바로 뜨개질이다. 뜨개질은 전두엽, 두정엽, 후두엽, 측두엽, 소뇌 등 뇌 전반에 걸쳐 자극시키는 취미 생활이다. 간단한 뜨개질일 지라도 한 땀, 한 땀 집중하다 보면 어느새 무아지경에 이른다. 뿐만 아니라, 반복되는 동작은 몸의 이완과 명상과 같은 효과를 가져다 준다. 반복되는 동작과 집중은 근심, 스트레스, 우울증과 같은 좋지 않은 감정으로부터 우리를 분리 시킨다. 뿐만 아니라 심박과 혈압 조절에도 도움을 준다.

뇌의 일부가 중풍 등으로 마비된 환자도 손·발 등을 자극하거나 운동시키는 물리요법을 실시하면 어느 정도 회복시킬 수 있다. 또, 파킨슨병 등을 앓고 있는 이들의 운동기능 향상에 도움을 준다. 긴장을 많이 하는 사람들에겐 뜨개질이 마음을 진정시키는 효과가 있다. 그래서 상당수의 배우나 가수들이 뜨개질을 배우며 마음을 진정 시킨다.

자신이 생각하기에 뜨개질이 취미생활로 어울리지 않다고 생각한다면, 악기를 배우는 것도 손을 사용하는 좋은 취미 생활이 된다. 피아노, 기타와 같이 손가락을 이용하는 악기라면 손을 사용하는 좋은 취미 생활이 될 수 있다.

손이야 말로 뇌가 노화하는 속도를 늦춰주는 천연 항노화 도구다. 항노화란, 사람은 20세부터 세포와 뼈, 관절이 노화가 진행되는데 노화의 진행 속도를 늦추고, 육체적, 정신적인 기능유지를 통하여 높은 질의 삶을 영위할 수 있도록 도와주는 역할을 말한다.

운동을 하지 않으면 근육이 발달하지 않는다. 손을 충분히 쓰지 않는 다면 손가락의 근육들이 발달하지 못하고, 자연히 뇌로 가는 자극도 그만큼 덜 가게 되고, 시간이 흐를수록 뇌세포의 기능이 자동으로 떨어지게 된다.

자고 일어났는데 두 팔, 두 손이 갑자기 없어 졌다고 생각해보자. 우리의 생활이 얼마나 어려워질지 상상하기도 힘들다. 당장에 비데 없는 화장실은 손 없이 어떻게 극복해낼 것인가? 손의 역할이 얼마나 큰지를 알 수 있다.

이제 당신은 뇌의 변화와 기능을 유지를 위해서라도 손을 이용한 취미를 가져야 한다. 더불어 마음의 안정을 찾고자 한다면 손을 이용한 취미 하나쯤은 꼭 갖도록 하자.

다음은 호문쿨루스(homunculus)라는 그림이다. 인간의 신체기관을 대뇌 피질에서 담당하는 비율에 따라서 그려놓은 것이다. 다소 기형적인 사람의 모습을 하고 있고, 특히 손이나 입술(얼굴)이 크게 표현되어, 뇌에서 차지하는 영역이 넓다는 걸 말해주는 그림이다.

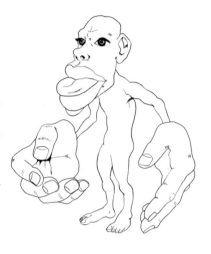

Part 05

뇌를 비울 수 있는
시간을 가져라

어느 날 안회가 공자를 찾아가 말했습니다.

"스승님, 얼마 전에 노 젓는 솜씨가 뛰어난 사공을 보았습니다. 신기에 가까웠지요. 갑자기 그 비법이 궁금해져 사공에게 물었습니다. "그런데 비법은 가르쳐주지 않고 선문답 같은 소리만 했습니다. 그러더니 헤엄을 칠 줄 안다면 노 젓는 법을 쉽게 배울 수 있다고 했습니다. 그 다음에는 잠수 할 수 있냐고 물었습니다. 잠수를 할 수 있다면 노를 한 번도 잡아본 적이 없더라도 금방 배울 수 있다고 했습니다. 스승님 도대체 헤엄치는 것과 잠수하는 것이 노를 잘 젓는 것과 무슨 상관이 있습니까?"

"그것은 바로 '두려움'에 관한 문제다. 만약 헤엄을 잘 치거나 잠수를 잘할 수 있는 사람이라면 물을 두려워하지 않을 것이다. 물을 두려워하는 사람은 아무리 열심히 노 젓는 걸 배운다고 해도 실력이 좀처럼 늘지 않을 것이다. 그 이유는 '배가 뒤집히면 어떻게 될까?'

하는 마음속 두려움이 배움에 집중할 수 없게 만들기 때문이다."

안회는 그제야 고개를 끄덕였습니다. 두려움이 없는 마음, 그것이 바로 사공이 말하는 노를 잘 젖는 비법임을 알게 된 것입니다.

- 〈스토리를 팔아라〉 김창국

학창시절 수업시간에 창문 밖을 멍하니 바라보다가 선생님께 혼이 났던 경험은 누구나 한두 번쯤은 있을 것이다. 우리는 가끔 의도적이든 의도적이지 않든 멍하게 있을 때가 있다.

멍하고 있으면 사람들은 무슨 생각하냐고 묻거나 또는 정신 나간 사람처럼 뭐하고 있냐고 묻곤 한다. 이렇게 멍하게 있는 것을 요즘은 '멍 때린다'라는 표현으로 사용하는데 이 멍 때리기는 사람이 아무 반응 없이 넋을 잃은 상태를 말한다. 조금 더 설명하자면 멍 때리기는 생각을 비워내는 것이다. 생각을 비워내는 그 순간은 보지도 않고, 듣지도 않고, 의식적으로 아무 생각하지 않는 것이다.

비생산적으로 보여지는 이 시간을 사람들은 다소 부정적인 시선으로 바라보곤 한다.

그런데 부정적이었던 멍 때리기가 최근 들어 긍정적인 평가를 받고 있다. 실제로 2014년 10월 27일 서울시청 앞 광장에서 멍 때리기 대회가 열렸다. 이 대회의 우승자는 놀랍게도 9살 여자 아이였다.

우승자는 다른 아이들처럼 방과 후 발레, 가야금, 영어 등 여러 학원을 다녔고, 공부하다, 너무 힘들거나 지칠 때면 저절로 멍 해졌다고 말했다.

대회에 참가했던 9살 꼬마아이가 우승했다는 것도 놀랍지만 한편으론 씁쓸한 부분이 있다. 어른은 어른스러워야 하듯 어린이는 어린이다워야 한다. 많이 뛰어 놀아야 할 시기에 놀지는 않고 오로지 공부 위주로 아이들의 하루는 시작하고 마감한다. 이는 아이들의 하루를 고되게 하고 뇌를 고생시킨다. 물론 우리 사회의 문제도 있지만 어린이에게는 노는 것도 공부의 일종이다.

우리가 의식하든 의식하지 않든 우리의 뇌는 24시간 활동을 하고 있다. 우리가 잠든 사이에도 말이다. 이렇게 쉬지 않고 활동하는 뇌를 위해서 잠시라도 뇌만을 위한 쉬는 시간을 가져야 한다. 다시 말해 멍 때리기는 아주 짧은 뇌의 파업 시간이라고 말 할 수 있겠다.

우리의 신체기관에서 뇌의 무게는 우리 몸의 2%에 불과하다. 무게로 말하면 1.4kg정도 밖에 나가지 않는다. 하지만 총 에너지의 20%, 흡입한 산소의 25%를 소모할 정도로 의식하지 않더라도 끊임없이 활동한다. 열심히 활동 한 뒤에는 적절한 휴식이 필수적인데 요즘 현대 사회에서 우리 뇌가 쉴만한 시간을 갖기란 여간 힘든 게 아니다.

앞에서 얘기한 어린아이가 대회 우승한 것만 봐도 쉽게 알 수 있다. 더구나 요즘은 스마트폰이 대중화되면서 정보를 받아들이는데 예전보다 뇌를 사용하는 노력이 적다. 더구나 인스턴트식 반복과 강압적으로 얻어지는 정보뿐이다. 이러한 현대인에게 뇌의 휴식이 필수적이다.

몸의 긴장과 근육을 풀기위해 스트레칭을 하듯, 식사 후에는 소화 시간을 가져 정신을 이완시켜 뇌를 쉬게 해야 한다. 현대인에게 멍 때리기는 생각을 비워내는 것이다. 생각을 비워내는 그 순간은 보지도 않고, 듣지도 않고, 생각하지 않는 것. 다시 말해 의식적으로 아무 생각 하지 않는 것이 필요하다.

생각을 비우는 이 시간을 가치 없는 시간이라고 생각할 게 아니라 생각을 비우는 이 시간이야 말로 가치 있는 시간이라는 걸 알아야 한다. 생각을 비우는 시간은 효율적이고 더 멀리 가기 위한 도약의 시간이며, 새로운 걸 발견할 수 있는 창조의 시간이기도 하다.

뇌에 휴식을 주고 생각을 재정비하는 시간은 반드시 필요하다. 이는 역사적인 사례를 통해서도 알 수 있는데, 아르키메데스 역시 목욕탕에서 아무 생각 없이 앉아 있다가 부력의 원리를 발견하고, 뉴턴은 사과나무 아래서 멍 때리다가 만유인력의 법칙을 발견했다. 아이폰의 아버지이자 애플의 최고 경영자였던, 스티브잡스도 모든 디지털 기기로부터 벗어난 산책을 자주 즐겼고, 독일의 철학자 칸트 역시 산책을 통해 뇌를 비우는 시간을 가졌다.

생각을 비우거나 정리하는데 걷기는 탁월한 효과를 가져온다. 휴식을 갖는 거와 뇌를 쉬게 하는 것은 같은 듯 하지만 엄연히 다르다. 휴식의 시간이 몸을 쉬게 한다면, 멍 때리기는 주로 뇌를 쉬게 한다.

뇌를 충분히 쉬지 않게 한다면 여러 가지 문제가 나타날 수 있다. 현대 사회는 나날이 복잡해지고 세분화 되어가고 있다. 이 치열한 생존경쟁에서 살아나야 한다는 강한 압박감 속에서 우리는 매일 매일을 버티며 살아가고 있다. 이런 일상을 살아 가면서 우리가 받는 스트레스는 상당하다. 스트레스가 높아짐에 따라 그 불안감은 커지지만 뇌가 쉴 수 있는 시간은 점차 줄어들고 있다.

쓰레기통에 쓰레기가 가득 찼다면 비워주는 것처럼 정보의 포화상태에 빠져버린 우리 뇌를 비워줘야 한다. 생각을 비우는 시간은 반드시 필요한 시간임을 알기를 바란다. 살아가면서 당연하게 여겼던 모든 것에서 잠시만 멀어지자.

Chapter

[**03**]

표현하는
뇌

. .

표현은 뇌를 춤추게 한다.

Part 01

표현을
자주하라

전혀 생각지 않았는데 감사를 표현하는 말이나 글을 받아 본 적이 있는가? 뜻밖의 일로 감사나 고마움의 표현을 받았다면 마음이 따뜻해지며 기분이 좋아지는 걸 느꼈을 것이다. 사람은 누구나 다른 사람에게 소중한 사람으로 그리고 고맙고 따뜻한 존재로 기억되고 싶어하기 때문이다.

하지만 하루가 멀다 하고 신기술들이 나오고 세상은 점점 살기 좋아지고, 하루가 다르게 편해지고 있지만, 우리는 제일 가까운 가족들에게 조차 '사랑합니다' 한 마디를 하기 어려워한다. 아예 생각 조차 하지 않고 살아가는 경우도 많다.

뿐만 아니라 '고맙습니다' 또는 '감사합니다'라는 표현에 점점 더 인색해지고 있고, 어린 학생들까지 상대방에게 받는 것에 익숙해져가고 표현에 무뎌지고 있는 현실이다. 고맙다고 말하면 손해 보는 것 같고, 마치 그 사람 밑으로 기어 들어가는 모습을 사람들이 생각하는 것 같다. 그러나 고맙다는 말은 결국 나는 '당신을 좋아합니다'와 동급이라는 사실을 알아야 한다.

이렇게 말로든 글로든 남에게 감사를 표현하는 사람을 갈수록 보기가 힘들다. 감정표현 역시 자주 하지 않으면 표현이 서툴게 되고, 감정표현의 순간이 와도 쉽게 그 감정이 식어 버린다.

뇌를 변화시키기 위해 작지만 큰 변화를 불러 일으키는 것 중에 하나는 표현하는 것이다. 표현은 우리 뇌를 젊게 한다. 표현이야 말로 우리의 뇌를 뛰게 하고 더욱 열정적이게 한다. 자신의 감정 표현을 단순히 의사전달의 일부로만 단정지어 생각해서는 안 된다. 자신의 풍부한 감정을 최대한 표현해야 한다.

이처럼 표현하는 행위는 당신의 뇌에 근육을 붙이는 행위며 단련시키는 행동이다. 감사할 때 낙관, 열정, 활력 같은 긍정적 감정을 느끼는 뇌의 왼쪽 전전두피질 활성화 된다. 반면에 불안, 분노, 우울 같은 부정적 감정을 느낄 때는 오른쪽 전전두피질이 활성화 된다.

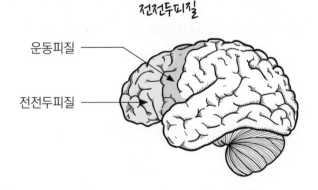

전전두피질

운동피질

전전두피질

드라마 촬영이나, 영화를 찍을 때 감독이 있듯이 뇌의 맨 앞에 자리 잡고 있는 전전두피질(prefrontal cortex)이라는 곳은 감독 역할을 하는 영역이다. 상황을 인식하고, 집중하고, 행동을 계획한다. 충동적인 생각을 억제하고 통제하고 결정을 한다. 또한, 어떤 상황에 직면했을 때 문제해결을 위한 계획과 방법을 생각하고, 의사결정을 한다.

전전두피질 건강하고 조화롭게 움직이면 목표지향적인 계획과 행동을 하게 만든다. 자신의 말과 행동을 통제하여 좀 더 나은 나로 살아가게 한다.

또한 어제의 실수를 잊지 않고 기억해내 똑같은 실수를 반복하지 않게 한다. 다시 말해 전전두피질의 활동이 왕성하면 어제 보다 오늘 더 완벽해질 수 있게 된다.

반대로 전전두피질의 활동이 적다면 위에서 말한 모든 부분이 부정적으로 변한 하루를 살아가게 된다. 자신은 그렇게 생각하지 않는데 말이나 행동을 충동적으로 변하고, 차분하게 가만히 앉아 있지를 못하게 된다. 어제와 똑 같은 실수로 오늘도 반복하게 된다.

우리는 하루를 살아가며 더욱 행복하고 만족스런 인생을 살아갈 수 있다. 바로 감사로 말이다. 감사를 표현하고 느낄 때 상대방과 끈끈한 관계를 만들 수 있고, 행복을 느끼는 뇌는 예전보다 한층 더 그 기능이 강화된다.

감사하는 마음을 평생 연구해 온 켈리포니아 데이비스 대학 심리학 교수인 로버드 에먼스는 감사야 말로 행복의 첫 번째 요소라고 주장한다. 뇌 과학자들이 뇌 사진을 찍어보니 행복을 느끼는 뇌세포 바로 옆에 감사를 느끼는 뇌세포가 있고, 감사와 행복은 하나의 뿌리라고 했다.

그래서 감사 뇌세포가 활성화되면 행복을 느끼게 되고, 감사하면 뇌에 피가 많이 흘러가서 엔도르핀 호르몬을 분비해 건강에 도움이 된다는 것이다. 당신이 표현하는 고마움과 감사의 표현은 상대방에게 그대로 전달되며 그 효과는 당신이 생각하는 것 이상으로 지속된다.

우리의 뇌가 파악하는 정보의 상당부분은 '시각 정보'라고 해도 과언이 아니다. 당신이 만들어 낸 시각과 청각 정보는 상대방의 뇌에 그대로 저장된다. 만약 당신이 표현에 익숙하지 않았던 사람이라면 상대방의 뇌에 더 깊게 당신의 감사 표현이 각인된다. 이유는 뇌는 오래되고 무의미한 정보 보다 새로운 정보에 더 집중하기 때문 이다. 표현은 우리의 뇌를 뛰게 하고, 더욱 더 열정적이게 한다.

감사라는 말은 삶의 윤활유와 같다. 성공이란 오늘 '감사합니다'라는 말을 몇 번 했는지, 오늘 보낸 감사 편지 수에 비례한다. 모든 것에 감사하는 마음으로 살아간다면 감사해야 할 일은 끊임없이 꼬리를 물고 이어질 것이다.   - 〈The little big think 중에서〉

어쩌면 하루 하루 팍팍해지는 삶에 날 선 칼을 들고 싸우는 무사(

武士)가 아닌, 평화로운 마음으로 상대를 품으며 산다는 것이, 우리 본연의 자연스러운 행동 일 것이다.

감정 표현은 안 하면 안 할수록 더 인색해지고 어색해진다. 나중에는 표현을 해야 할 이유 조차 잊게 된다. 마치 향이 좋은 커피나 먹음직스럽게 잘 익은 사과라도 계속해서 보지 못하고 맛보지 않는다면 그 맛과 향, 그리고 그 생김새가 점차 기억에서 사라지는 것 과 같다.

자신의 감정을 스스로 알지 못하고 억제하지 못해서 피해를 주는 행위 역시 잘못이다. 자신의 기쁨, 슬픔, 사랑의 감정을 참으며 표현하지 않는 행위 역시 옳지 않다.

자기 자신에게도 충분한 표현을 해야 한다. 그것도 자주 해야 한다. 미국의 뮤지션 킴벌리헨더슨은 출산의 흔적이 그대로 남아 있는 자신의 배를 사진으로 찍어 SNS에 올려 공개했다. 사진으로 본 그녀의 배는 출산의 흔적으로 살이 늘어졌고, 튼 흔적이 그대로 있었지만 당당히 SNS에 자신의 배를 찍어 올렸다.

보통 사람들은 자신의 멋있고, 예쁜 사진을 엄선해서 올린다. 뿐만 아니라, 포토샵 등을 이용해 보정해서 올리기 까지 한다. 하지만 그녀는 개의치 않고 자신의 배를 과감히 올렸다. 그리고 그녀는 이런 말을 남겼다.

'사랑하세요. 당신은 자신의 몸을 부끄러워 할 필요가 없습니다. 당신이 그런 마음 가짐을 가지고 나면, 당신은 상황을 더 낫게 느낄 자유로움을 가지게 됩니다. 우리는 스스로에게 너무 가혹해요, 특히 엄마들은요.

우리는 알아야만 합니다. 우리의 몸이 어떤 형태나 사이즈든, 튼 자국이 얼마나 많든 살이 늘어지든, 우리는 섹시 하다는 것을요.

당신의 몸을 사랑하세요.'

내가 얼마나 노력하는지, 힘들었는지, 눈물 흘렸는지, 고마웠는지, 기뻤는지, 감사했는지 등의 많은 감정들을 스스로에게도 표현을 해야 한다. 스스로의 감정 표현은 자기 자신을 안에서부터 강하게 만드는 행위다.

사랑 받고 싶으면 사랑을 표현해야 한다. 연인에게 중요한 것이 바로 표현하는 것이다. 표현하지 않고 상대가 알아주기 바라는 것은 억지다. 많은 연인들이 각자의 속 마음은 그렇지 않은데 표현을 자주 그리고 잘 하지 못해서 안타깝게 이별한다.

우리의 뇌 건강을 떠나서 좋아하고, 사랑하는 사람에게 감정을 표현 하기에도 우리의 인생은 너무나도 짧다. 매일 '사랑합니다' 라고 말 할 수 있는 기회를 그냥 보내 버리지 말기 바란다.

그러므로 감정 표현은 살아 있다는 증거일 뿐만 아니라 사랑이 있다는 증거다.

'우리나라 속담에 우는 아기에 떡 하나 더 준다' 라는 속담이 있다. 말 못하는 아기도 우는 행동으로 표현함으로써 얻고자 하는 것을 성취 한다는 뜻이다. 표현하지 않으면 우리 뇌는 점차 표현에 무감각해지고 그 능력이 점점 무뎌진다.

관계에서 오는 불통도 소통으로 만들 수 있는 것이 표현이다. 감정 표현을 자주 한다면 인간관계를 좀더 풍성하고 깊은 관계를 만들어 나갈 수 있게 한다.

표현은 마치 꽃과 같다. 누구에게나 관심 받고 좋은 이미지를 심어 주고 마음을 흐뭇하게 만들어 주는 꽃과 같다. 표현을 잘 한다는 것 은 말이 될 수 있고, 얼굴 표정이 될 수가 있고, 몸짓이 될 수 있다. 풍부하고 적절한 표현으로 끈끈한 관계를 맺을 수 있고 그렇지 않을 수 있다.

성공하는 뇌는 표현에 있어도 적극적이다. 우리가 표현하는 만큼 뇌 역시 표현 한다는 걸 기억해 두자. 좋은 결과를 거두려면 그러한 마음도 잘 가꾸어 나가지 않으면 안 된다.

성경은 "그러므로 무엇이든지 남에게 대접을 받고자 하는 대로 너희도 남을 대접하라"고 말한다. 바로 황금률을 말하는 것이다. 당신이 상대에게 많은 표현을 할 수록 돌아오는 반응도 그에 맞는 반응으로 돌아올 것이다.

확실한 수익률을 보장하는 고마움과 감사의 표현. 고마움의 표현은 배가 되어 당신에게 돌아온다.

감사를 하는 사람과 받는 사람은 예전 보다 서로 더 가까워지게 된다. 더불어 감정을 표현할 때 조금 더 나다움을 느낄 수 있게 된다.

모든 것에 감사하는 마음으로 살아 간다면 감사해야 할 일은 끊임없이 꼬리에 꼬리를 물고 이어질 것이다. 표현을 잘 하느냐 못하느냐에 따라 당신의 삶의 변화에 있어 더 뜨겁게 변할 수 있게 된다. 표현하는 뇌로 인해 우리는 변화를 잘 받아 들일 수 있고, 그렇지 못 할수도 있다.

매일 상상하고
표현하라

'제임스 네스넷' 소령은 골프를 상당히 좋아했는데 좀처럼 실력이 늘지 않았다.

평균 타수가 90타 중간 정도인 주말 골퍼에 지나지 않았다. 또한 그는 7년 동안 골프를 칠 수가 없었다.

단 한번도 골프 채를 잡아 보지 못한 그런 그가 7년이란 휴식 기간을 마치고 최초로 경기에 참가 했을 때 그는 놀랍게도 74타를 때렸다.

'제임스 네스넷' 소령이 사용한 비결은 무엇일까?

사실 '네스넷' 소령은 월남 전쟁에서 포로로 붙잡혀 7년을 북부 베트남 한 수용소의 새장 같은 감방에서 강금 되었다.

갇혀 있는 동안 소령이 할 수 있는 것이라곤, 기도하는 일 밖에 없었다. 그렇게 그는 외롭고, 긴 시간을 보낼 방법을 자신이 좋아했던 골프를 떠올렸다.

매일 같이 상상속의 골프장에서 18홀 전체를 풀 코스로 경기를 펼쳤다. 그는 봄, 여름, 가을, 겨울 매일같이 날씨와 상황을 바꿔가며 상상속의 골프를 쳤다.

7년이란 긴 세월을 그는 매일같이 4시간씩 18홀을 돌았다. 그리고 마침내 그는 자유의 몸이 됐다. 자유의 몸으로 골프채를 잡았을 때 그는 74타를 쳤다.

당신은 상상하는 힘이 얼마나 큰 효과를 가져 오는지 느껴본 적이 있는가? 운동선수나 연주자들은 '이미지 트레이닝'이라는 다른 이름으로 상상을 하고 있다. 이미지 트레이닝. 머릿속에 그림을 그려 앞으로 닥칠 상황을 미리 경험 해 보는 걸 말 한다.

실제로 이미지 트레이닝은 운동선수에게 많은 도움을 주고 있다. 운동선수들은 경기 전이나 중요한 시합을 앞두고 시작 전에 이미지 트레이닝을 한다. 잘 모르는 사람들이 봤을 땐 쉬고 있거나 잠을 자는 것 같지만 사실 쉬고 있는 것이 아니라 눈을 감고 자신만의 가상 시나리오를 만들어 연습을 하고 있는 것이다. 다시 말해 아직 벌어지지 않은 일을 마치 일어난 일 처럼 상상하고 간접 체험을 해보는 것이다.

운동 선수들에겐 상대가 어떤 방법으로 공격을 할지 어떤 식으로 시작하고 착지 자세는 어떻게 취 할지를 이미지 트레이닝을 통해 미리 상상해 본다. 운동 선수뿐만이 아니라 악기를 다루는 연주자도 이미지 트레이닝을 한다. 이런 이미지 트레이닝이 효과가 있는 이유는, 우리의 뇌가 현실과 상상을 잘 구별하지 못하기 때문이다.

하버드 대학 스테판 코슬린 교수는 상상할 때와 직접 눈으로 볼 때의 뇌 메커니즘이 동일하다는 연구 결과를 발표했다. 즉 상상만으로 직접 그 상황을 체험한 결과를 얻을 수 있다는 말과 같다.

이 연구에서는 실험에 참가한 8명에게 그려진 막대의 길이를 서로 비교하라는 과제를 주고, 그림을 실제 보고 있을 때와 상상할 때의 뇌 활동을 분석했다.

그 결과 상상을 할 때도 뇌가 활성화되어 실제 눈을 통해 들어오는 시각 정보를 처리할 때와 똑같은 반응을 보였다. 상상과 실제 자극이 뇌에서 동일하게 처리되는 것을 보여준 연구 결과라고 할 수 있다.

상상만으로 근육량, 통증도 늘리고 줄일 수 있고 상상만으로도 근육을 움직이고 질병을 치유하는 것이 가능하다. 뇌 과학자들이 밝힌 이론에 따르면 우리가 무언가를 상상할 때와 그 일을 실제 할 때의 뇌 상태를 촬영해보면 유사한 부분이 활성화된다는 것이다.

상상만으로 뇌를 활성화하는 예는 또 있다. 책 〈스토리를 팔아라〉의 내용 중에 상상에 관한 실험을 다룬 내용이 있다.

한 야구팀을 세 그룹으로 나누어 한 달 동안 실험을 했다. A그룹은 해외로 특별 전지훈련을 떠나 한 달 내내 열심히 훈련을 받게 했다. B그룹은 훈련을 하지 않았다. 대신 강의실에서 편하게 앉아서 훈련 영상을 보게 하거나, 야구 이론을 학습하게 했다. 나머지 C그룹은 아무것도 시키지 않았다. 한마디로 놀게 해줬다. 한 달동안 휴가를 주며 맘껏 놀게한 후, 한 달이 지난 뒤 훈련을 했던 세 그룹의 실력을 평가해 알아보았다.

결과는 재미있었다.

훈련을 전혀 하지 않은 C그룹의 실력은 두 그룹 중 가장 나쁜 결과가 나왔다. 한 달 동안 전지훈련한 A그룹의 실력은 꽤나 향상 되었다. 하지만 B그룹의 실력은 전지훈련을 한 A그룹 못지않게 실력 향상이 있었다.

A그룹은 땀 흘려가며 직접 몸으로 훈련을 했다. B그룹은 몸으로 훈련을 하진 않았다. 하지만 야구에 대한 생각과 영상을 보게 했을 뿐인데도 A그룹만큼의 성과를 올릴 수 있었다. 결국 생각하고 상상하는 것만으로도 실력이 향상된다는 이론이다.

이처럼 그다지 힘을 들이지 않고 뇌를 여러 가지 상황에 단련을 시킬 수 있고 자신이 이루고자 하는 꿈의 그림을 그려가며 자신을 단련시킬 수 있는 것이 바로 상상의 힘이다.

상상은 뇌의 잠재되어 있는 기능을 꺼내어 사용할 수 있게 만들고 창의력을 높이는 동시에 긍정적인 변화를 선물한다.

호텔 왕 콘라드 힐튼이 생전에 "호텔 왕인 나와 평범한 호텔 직원과의 차이는 오직 하나, 성공을 상상하는 능력 외에는 없다"라고 입버릇처럼 읊조리고 다녔다고 한다. 현실만을 강조하는 사람보다 상상하며 성공한 사람의 말이 옳다.

밝히기 부끄러운 사실이지만, 필자는 1년에 책을 5권정도 밖에 읽지 않았다. 5권만 읽어도 세상의 책 절반을 읽은 것 마냥 뿌듯해 하던 때가 있었다. 어느 날, 매년 1년에 100권은 읽겠다는 생각과 책을 출간하겠다는 상상을 했었다. 그 상상은 매년 이루어졌고 지금도 이뤄지고 있다.

당신도 뇌가 가지고 있는 상상의 힘을 느껴보길 바란다. 상상의 힘은 우리가 생각하는 것보다 그 힘이 강력하다.

상상이란 자신 안에서 새로운 걸 만들어내는 행위다. 자신만의 스타일로 또 다른 걸 창조하고 만들어내는 힘이 있다. 미국의 유명한 심리학 박사이자 저술가인 조이스 브라더스 박사는 "성공은 인간이 가진 하나의 정신 상태이다. 성공하기를 원한다면, 먼저 당신을 성공한 사람으로 상상하는 것부터 시작하라! 그 상상은 당신을 실제로 그렇게 실현해 줄 것이다."라고 했다.

당신이 가슴에 품고 있는 꿈을 이루는 모습을 그리는 것. 자신이 원하는 것을 그려내는 것. 그래서 목표에 더 정확히 그리고 빠르게 다가갈 수 있는 것. 상상하는 것으로 충분히 할 수 있다. 당신은 상상하는 것 만으로도 목표를 정하고 계획하고, 실천하며 방향을 알 수 있게 된다.

> 당신의 꿈이 강하다면 당신은 모든 것을 이룰 수 있는 힘을 가진 사람처럼 보일 것이다. 당신을 움직일 수 있는 진정한 힘은 뼈에 붙은 근육이 아니라 꿈에 붙은 근육에 있다.　　─ 〈꿈꾸는 다락방〉 이지성

꿈꾸는 다락방의 저자 이지성 작가는 말한다. 생생하게 꿈꾸면 이루어진다고 말 한다. 나무가 그늘을 약속하듯 꿈은 성공을 약속한다고.

상상을 조금 더 구체적으로 하는 것이 바로 꿈이다. 당신의 꿈은 상상으로부터 시작된다. 그리고 그 상상은 언젠가 현실이 된다.

매일 꿈꾸며 목표를 끊임없이 상상하고 이미 당신의 꿈이 이루어진 것처럼 상상하라. 당신 안에서 잠자는 거인은 당신의 상상으로 깨어날 것이다. 당신도 몰랐던 내면의 잠든 거인을 깨워라.

Part 03

오늘도
감사하라

사생아로 태어났다. 9살때 친척 오빠에게 성폭행을 당했다. 그 후로 오빠 친구들에게도 또 다시 성폭행을 당했다.

삼촌의 성폭행으로 14살때 미혼모가 되었지만 아기는 태어난 지 2주만에 죽게 된다. 충격으로 가출을 했고 마약과 알콜로 얼룩진 청소년기를 보내게 된다. 사랑도 여러 번 실패했다.

다이어트 역시 많은 실패와 성공을 반복했다. 지금은 많은 사람을 울리고 웃기는 사람이 되었다. 바로 오프라 윈프리의 이야기다.

오프라 윈프리 그녀는 어린 나이에 절망적인 시기를 보냈지만 아버지로부터 배운 "감사 일기" 덕분에 성공할 수 있었다고 말한다.

누가 봐도 힘들고 어려운 환경이지만 웃음을 잃지 않는 사람들. 행복해 하는 사람들이 있다. 반면에 경제적으로 부유하고 남들 부러울 것 없어 보이는 환경이지만 웃음이 없고 행복하지 않다고 하는 사람들 불행하다고 생각하는 사람들이 있다. 왜 그럴까? 자신의 환경에서 감사를 하느냐, 안 하느냐에 따라 행복과 불행이 결정되는 것이다. 우리의 뇌 역시 행복할 때 더 훌륭한 결과와 능력을 발휘 한다.

베스트셀러 작가이자 전 세계가 찾는 동기부여 연설가다. 그리고 두 아이의 아빠다. 아주 드문 유전 질환을 안고 태어났으며 팔과 다리가 없이 태어났다. 8세 이후 세 번이나 자살을 시도하기도 했다.

바로 발가락밖에 쓸 수 없는 닉부이치치라는 사람의 이야기다. 닉부이치치는 팔다리 없이 태어난 육체적인 한계 때문에 수많은 어려움을 겪으며 어린 시절 자살기도까지 했으나, 현재는 베스트셀러 작가와 강연으로 활발히 활동하고 있다. 우리가 볼 때는 불행하고 전혀 행복할 것 같지 않지만, 정작 그는 행복하게 살아가고 있다. 그는 말한다. "팔도 없고 다리도 없고, 한계도 없다"고 말이다.

한국에서도 닉부이치치와 같은 사람이 있다. 교통사고로 자신의 아름다웠던 얼굴이 흉측하게 변해버린 이지선씨다. 그녀는 가장 아름다웠던 시기에 교통사고를 당해 얼굴과 몸에 큰 화상을 입어 예전의 젊고 아름다웠던 얼굴로 다시 돌아갈 수 없게 되었다. 한 방송 프로그램에 출연한 그녀는 사고 전으로 돌아갈 수 있다면 어떻게 할 것이냐는 MC들의 질문에 그녀는 거짓말 같이 들리겠지만 돌아가고 싶지 않다고 했다. 뿐만 아니라 많은 사람들이 지켜보고 있는 교회 강단에서 똑같은 이야기를 했다.

이렇게 살아가면서 깨달은 것이 너무 많다 그것들은 눈에 보이는 것들이 아니라 사고 전에는 깨닫지 못했던 것들이다. 물론 이런 깨달음을 가진 채로 사고 전 나로 돌아가라면 그때의 얼굴로 살고 싶지만, 그 모습과 지금의 나의 생각들을 바꿔야 한다면 지금 이 모습으로 살아가겠다고 말했다.

자신의 젊고 아름답던 그때보다 지금이 훨씬 행복하다는 것이다. 평범한 일반 사람들에게는 말 문이 막히지 않을 수 없다. 어떻게 그럴 수 있는 걸까?

정상이라 불리는 우리들이 놓치고 있는 것이 있다. 이들의 공통점은 바로 감사다. 누가 봐도 이들의 삶은 정상이 아니고 불행하다고 생각 할 것이다. 그러나 정작 이들은 자신의 그 삶마저 감사한 것을 찾아냈고 행복한 인생을 살아가고 있다.

이렇게 감사한 마음을 갖는다면 전전두피질이 활성화되어 스트레스를 완화시켜 주고 행복함을 느끼게 해준다. 심리학자들은 이를 `reset(재설정)` 버튼을 누르는 것과 같은 효과라고 설명하고 있다.

닉부이치치, 이지선씨와 같은 사람들은 그 행복감이 일반인들보다 더 크게 느꼈을 것이다.

감사에 대해 성경은 이렇게 말하고 있다. "범사에 감사하라" 일반인들에게 많이 알려져 있고, 어느 상점을 가거나 음식점을 가도 쉽게 볼 수 있는 성경 구절이다. 재미있는 사실은 범사에 감사함으로 행복하게 살 수 있다는 것을 과학적인 논리로 말 할 수 있다.

미국 심리학자들이 오랜 연구 끝에 감사의 과학적 변화를 확인했다. 미국 마이애미대 심리학 교수 마이클 맥클로우는 "잠깐 멈춰서서 우리에게 주어진 감사함을 생각해보는 순간 당신의 감정 시스템은 이미 두려움에서 탈출해 아주 좋은 상태로 이동하고 있는 것"이라고 말한다. 마치 승리에 도취된 감정을 느낄 때와 유사한 감정의 선 순환을 만든다는 것이다.

UC데이비스의 심리학 교수인 로버트 에몬스는 실험을 통해 "감사하는 사람은 훨씬 살아있고, 경각심을 가지며 매사에 적극적이고 열정적이며, 다른 사람들과 더 맞닿아 있다고 느낀다"고 말한다. 그는 "생리학적으로 감사는 스트레스 완화제로 분노나, 화, 후회 등 불편한 감정들을 덜 느끼게 한다"고 했다.

에몬스는 12살에서 80살 사이의 사람들을 상대로 한 그룹에는 감사 일기를 매일 또는 매주 쓰도록 하고, 또 다른 그룹들에는 그냥 아무 사건이나 적도록 했다. 한달 후 중대한 차이가 발생했다. 감사 일기를 쓴 사람 중 4분의 3은 행복지수가 높게 나타났고, 수면이나 일, 운동 등에서 더 좋은 성과를 냈다. 그저 감사했을 뿐인데 뇌의 화학구조와 호르몬이 변하고 신경전달물질들이 바뀐 것이다. 감사함을 느끼는 순간 사랑과 공감 같은 긍정적 감정을 느끼는 뇌 좌측의 전전두피질이 활성화 된다.

반면에 불안, 분노, 우울 같은 부정적 감정을 느낄 때는 오른쪽 전전두피질이 활성화 된다.

연구 결과에 의하면 '감사'하는 마음을 느낄 때 뇌에서는 사랑, 열정 등 긍정적인 감정을 동반하게 되고 긍정적인 감정은 뇌에서 행복 호르몬인 엔도르핀, 도파민, 세로토닌을 생성하여 뇌를 기분 좋게 그리고 열정적으로 활성화 시킨다. 긍정의 감정을 느낄 때, 특히 좌뇌의 전전두피질이 활성화되는데 좌뇌의 전전두피질은 인간의 정서를 담당하는 곳이다. 전전두피질이 활성화되면 스트레스 호르몬이 감소되어 행복감을 느끼게 된다. 감사야 말로 인간이 가질 수 있는 가장 강력한 감정중의 하나 이다.

감사 노트는 오늘의 일을 반성 할 수 있게 해준다. 또, 잘했다고 생각하는 일에는 자신을 더욱 단련시키고 강하게 만드는 효과가 있다. 나아가 자신을 발전시키는 도구이자 현재를 긍정적이고 객관적인 시선으로 바라보게 해준다.

'공자가어'라는 책을 보면 공자의 두 제자인 자천과 공멸이라는 사람이 나온다. 공자의 두 제자에게 우리는 감사에 대해 배울 수 있다.

자천과 공멸은 둘이 벼슬살이를 하고 있는 공자의 제자다. 공자는 두 제자에게 각자 따로 따로 찾아가 다음과 같은 질문을 했다.

하급 관리로 격무에 시달리며 경제적으로 윤택하지 못했던 공멸에게 "네가 벼슬을 하며 얻은 것은 무엇이며 잃은 것은 무엇이냐"라

물었다.

공멸은 다음과 같은 대답을 했다.
"얻은 것은 하나도 없을뿐더러 세 가지를 잃고 말았습니다."라고 말하며 벼슬살이를 하는 것을 후회한다며 말을 이었다.

"첫 번째로 일이 너무 많아 공부를 제대로 할 수 없어 싫습니다.
두 번째는 월급이 너무 적어서 싫습니다. 월급이 적어서 가까운 지인과 친척들에게 베풀지 못하고 있습니다.
세 번째는 일이 너무 바쁘다 보니 친구와 사이가 멀어졌습니다. 벼슬을 하고 잃은 것 밖에 없습니다. 그래서 너무 싫습니다."

공자는 같은 하급 관리직을 맡고 있던 제자 자천에게 찾아가 같은 질문을 한다.

"네가 벼슬을 하며 얻은 것은 무엇이며 잃은 것은 무엇이냐"

자천은 대답했다.
"잃은 것이 없습니다. 그러나 세가지를 얻어 벼슬살이를 하게 된 것을 기쁘게 생각하고 있습니다."

공자는 물었다. "그게 무엇이냐?"

"첫 번째로 "일이 산더미처럼 쌓였지만 그 동안 배운 것을 하나 하나 실천하고 적용하니, 배운 내용이 더욱 더 확실해 졌습니다. 일이 많아 바쁘지만 예전보다 더 많은 것을 배울 수 있어 너무 좋습니다.

두 번째로 월급이 적습니다. 그래서 아끼고 절약하여 친척들을 대접하니 더욱 더 친숙해지고 가까워졌습니다.

세 번째로는 바빠서 친구들에게 신경을 쓰지 못해 늘 미안해 했는데, 그 때문에 더욱 더 친구들과 교제하려고 신경 쓰니 예전 보다 우정이 두터워졌습니다."

감사하는 마음이 없다면 자천과 같은 말과 행동을 절대로 가질 수 없다. 감사한 마음을 계속 가지게 된다면 지금보다 더 많은 긍정적 변화를 가질 수 있다.

시간이 흘러도 꾸준히 감사한 마음을 가지게 하려면 어떻게 해야 할까? 가장 쉽고도 확실한 방법은 당신도 감사 노트를 써보는 것이다. 노력에 비해 많은 것을 얻게 느끼게 해주는 것이 감사 노트다. 감사 노트는 자신만의 또 다른 보물을 만드는 거와 같다.

스스로를 돌아볼 수 있는 시간을 감사 노트를 통해 가져볼 수 있게 해주며, 더 나은 내일을 준비하게 한다. 오늘 보다 행복하게 하루를 살게 해주는 것이 바로 감사 노트다.

이처럼 좋은 습관은 미루지 않고, 그 즉시 실천한 것이 변화된 자신의 모습을 가장 빨리 만날 수 있는 방법이다.

나는 나의 역경에 대해서 조물주에게 감사한다. 왜냐하면 나는 역경 때문에 나 자신, 나의 일, 그리고 나의 존재를 발견했기 때문이다.

– 헬렌 켈러 Helen Keller

Memo

감사 노트 작성하는 TIP

01. **가장 맘에 드는 예쁜 노트, 또는 자신이 쓰고 싶은 노트와 필기 도구를 사용한다.**

자신이 그 동안 가지고 싶던 필기 도구가 고가일 수 있다. 그러나 구입해서 사용하기 바란다. 자신이 사용하고 싶은 노트와 필기 도구는 당신을 꾸준히 적게 만들어 준다.

물론 당신이 음식점의 홍보용 볼펜으로 A4용지에 감사 노트를 작성한다 해도 문제가 될건 없다. 그러나 홍보용 볼펜과 A4용지는 작심삼일로 끝내버릴 확률을 높인다. 그저 그런 노트나 A4 용지에 쓴다거나 음식점에서 주는 볼펜 등으로 감사 노트를 작성한다면 마음가짐도 미리 포기할 여지를 만들고 시작하는 것과 같다. 다시 말해 딱, 그만큼인 것이다.

계획을 세울 때도 특별히 애착이 가는 펜이나 종이에 자신의 꿈과 비전을 세운다면 조금 더 노력과 정성을 들여 계획을 세우게 된다. 세상에 공짜는 없다. 투자한 만큼 얻는 게 세상 이치다. 아까워하지 말기 바란다.

계속 글을 쓰고 싶게 만드는 필기 도구로 글을 쓴다면 계속해서 감사 노트를 작성할 수 있게 하는 힘을 불어 넣어 준다. 그래서 꾸준히 쓰게 도움을 주는 도구는 내가 사용하고 싶은 노트와 필기 도구여야 한다.

시간이 조금 지나면 결국 습관이 만들어 진다. 결국 비싼 펜이나 종이는 습관을 만드는데 필요한 하나의 도구일 뿐이다.

02. **하루 중 한 가지 이상 감사한 일과 그 상황과 이유를 적는다.**

처음 감사 노트를 쓰는 사람은 감사할 일이 없다고 말하겠지만, 하루 중 감사한 일은 반드시 하나 이상은 있다.

감사 노트를 쓸 수 있다는 것 하나만으로 감사한 일이다.

감사한 그 일과 상황을 적는다.

03. **매일 매일 감사한 일을 적고 하루도 빼먹지 않도록 한다.**

매일 빠지지 않도록 감사한 일을 기록한다. 하지만 살면서 매일 매일 한다는 것이 자신의 의지대로만 되지 않는다. 어쩔 수 없는 날이라면 그런 날은 적지 않고 넘어 가라. 자칫 심리적 부담으로 숙제가 될 수가 있다. 감사하지 못한 상황이라고 생각이 들면 감사 노트는 더 이상 감사한 노트가 아니다.

04. **감사 노트를 통해 긍정의 눈으로 세상을 바라보자.**

감사 노트를 작성하면서 부정이 아닌 긍정을 생각하자. 감사 노트는 결국 긍정적인 생각을 계속 만들기 위한 도구이다. 계속해서 긍정적인 생각으로 내일의 희망을 생각하자. 앞에서도 배웠지만, 긍정의 힘은 당신이 생각하는 것 이상으로 강하다.

Part 04

예스가 항상
옳은 것은 아니다

오빠 믿지?

남자들에게만 전설처럼 전해오는 단골 맨트다.

혼자 있을 땐 고개를 절레절레 흔들면서 이런 유치한 말은 절대 안 믿는다고 장담하던 여자나, 절대 딴 생각을 하지 않겠다고 스스로 맹세했던 남자도 막상 실제 상황에서는 쉽게 무너지는 경우가 많다.

심리학 실험에서 한 집단의 남자들에게는 성적흥분을 유발하는 동영상을 보여주고 여자친구와 진한 스킨십을 나누는 장면을 상상하게 했다. 그리고 결정적인 순간에 여자친구가 "그만!"하고 외친다면 즉시 멈출 수 있을지 물었다.

대조집단의 남자들에게는 아무것도 보여주지 않은 상태에서 전자와 같은 질문을 했다. 성적으로 흥분된 남자들은 "아, 참기 어려울 것 같은데요"라고 응답하는 사람이 많은 반면 흥분하지 않은 대조집단의 남자들은 "여자친구가 원치 않으면 언제든 그만둘 수 있다"

고 자신 있게 반응했다.

왜 그럴까? 흥분되면 판단력과 자제력이 급격하게 저하되기 때문이다. 흥분이 고조되면 터널에 진입하는 순간 시야가 갑자기 좁아지는 것처럼 판단력이 급격히 저하되는데, 이를 '터널시야 Tunnel Vision' 현상이라고 한다. 쉽게 넘어가면 크게 후회할 수 있는 그런 요청에는 단호하게 "NO"라고 거절할 수 있어야 한다.

- 〈실행이 답이다〉 이민규

누구나 '노'라고 말하고 싶고, 아니라고 말하고 싶은데 맺어놓은 인간 관계 또는 사회적 신분 등을 의식해서 '예'라고 말하는 경험을 해 본 적이 있을 것이다. 사실 누구나 한번쯤은 이런 경험들은 있을 것이다.

요즘은 주변 상황이나 직급 높은 상사를 의식해 언제나 예스맨을 자처하는 사람이 있다. 자신은 착한 사람, 좋은 사람이라는 생각을 갖게 하고 싶고, 그 이미지가 훼손될까 어떤 부탁이든 '예'라고 말하는 사람들이다.

상대방을 진심으로 위하는 마음이 아닌, 자신의 이미지 때문에 '예스'를 달고 다니는 사람들은 몸과 마음이 힘들고 인생이 피곤하다.

자신은 아니라고 말하지만 가만히 들여다 보면 딱 잘라 '아니오'라고 거절을 하지 못했을 뿐이지 힘겨운 부탁을 들어주는 모습을 보곤 한다.

이런 것이야 말로 비 생산적이고 뇌를 효율적으로 사용하지 못하는 것이다. 이렇게 자신이 감당 못할 부탁이거나 입장이 난처한 부탁도 전부 들어준다면 생각지도 못한 많은 문제가 생길 수 있다. 예전 광고 문구에서도 나오지 않았던가? 모두가 '예'라고 할 때 '아니오'라고 말 할 수 있어야 한다고 말이다. 조금 더 나아가 모두가 '아니오'고 말할 때 '예'라고 말 할 수 있는 자신만의 강단이 필요하다.

만약 당신이 거절하기가 미안해 무리한 부탁을 들어준다면 감정적, 시간적, 자원적 소모가 크게 발생 한다.

그것보다 더 큰 문제는 당신의 훌륭한 뇌의 자원이 고갈 되는 동시에 그 순간, 가장 고통 받는 신체기관이 뇌 이다. 결국 자신이 원하지 않은 일은, 뇌를 피곤하게 만드는 행동이며 수동적으로 바꾼다.

주변상황이나 사람들의 눈을 지나치게 의식하는 행동 역시 뇌를 움츠리게 만들고 수동적으로 만든다.

사람들은 누구나 자신이 편한 것, 즐거운 일을 할 때 뇌가 성장하고 긍정적으로 커 간다. 또 한, 자신이 좋아하는 일을 하기 때문에 자신의 행동에 적극성을 가지게 된다. 사람들의 눈을 계속 의식한다면 뇌의 발전과 성장을 기대하기 어렵다.

우리가 원하지 않고 내키지 않는 일을 맡아서 할 때, 뇌는 평소보다 더 큰 에너지를 사용해가며 그 일을 처리하려 한다. 문제를 찾아내고 성공적으로 끝낼 실행 방법을 계속해서 찾아낸다.

원하지 않는 임무를 성공적으로 끝내기 위해 그 일을 하는 동안 당신의 뇌는 항상 피곤을 느끼게 된다. 그로 인해 원치 않은 일을 하느라 평소보다 많은 스트레스를 받았고, 더 많은 에너지를 사용하게 한다. 자신에게 사용해야 할 에너지가 낭비가 된 것이다.

만약 당신이 계획하여 원하고 즐거운 일을 하는 상황이라면 어땠을까? 스트레스를 받아도 기분 좋은 스트레스를 받게 된다. 벽에 부딪혀 막혀 있는 기분이지만 오기와 끈기 그리고 일에 대한 욕심이 생겨 더 해보려고 하고 도전하고 싶어한다. 다시 말해, 원하고 즐거운 일을 하고 있는 뇌는 쉽게 지치지 않는다.

무조건 내 할 일만 하겠다는 생각에 거절을 하는 것 도, 관계에 있어서 불리한 상황이 발생하기 십상이다. 당신의 능력 밖이라고 생각하거나 아니면 거절을 말해도 큰 악영향이 없는 선에서는 당당하게 말하길 바란다. 처음에는 다소 거절을 말하는 것이 껄끄러울 수 있다. 나중에는 부탁을 한 사람도 거절을 말한 당신도 서로가 효율적이며 시간대비 생산적이라는 걸 느낄 수 있을 것 이다.

주변에 아무도 없고 정말 어쩔 수 없는 상황이 아니라면, 원치 않은 일이고, 능력 밖의 일은 당당하게 '노'라고 말해야 한다. '노'라고 말하는 것은 부끄러운 것이 아니다. 그저 그 일을 할 사람이 내가 아님을 표현하는 것일 뿐이다. 상대방의 감정을 상하지 않는 선에서 당당하게 거절하자. 상대방이 섭섭하고 아쉬워 할 수 있겠지만 일의 품질이나 결과의 만족도를 생각한다면 부탁 받은 그 일이 적임자를 찾아가게 하는 것이 맞다.

자녀 교육도 마찬가지다. 현명한 부모라면 아이들이 자기가 좋아하는 것을 당연히 받는 것이라고 생각하는 일이 없도록 해야 한다.

어린 자녀에게 무조건 '예스'라고 말하는 것은 자식을 망치게 한다. 빌게이츠 역시 "아이들이 원한다고 무조건 들어주는 것은 아이를 망치는 짓"이라고 말했다.

'예스'라고 말해야 아이와 소통을 할 수 있고 '노'라고 말하면 아이들과의 소통은 없다라고 걱정하는 부모가 있다. 무조건 '예스'는 더 큰 문제를 만든다. 아닌 건 아니라고 말해줘야 아이의 뇌가 커간다.

아이들이 요구하고 사달라는 걸 전부 사주는 행동은 아이를 망치게 하는 지름길 이다. 자신의 요구대로 모든 것을 받아가며 자라온 아이들은 부모를 자신의 만족을 위해 존재하는 것쯤으로 여겨버린다.

시간이 흘러 부모가 해줄 수 없는 것들이 하나 둘 생겨나기 시작하면 부모에게 대들고, 화를 내거나, 심한 불쾌감을 들어낸다. 부모에 대해 그리고 상대방의 입장과 내 요구가 받아들여 지지 않을 수도 있다는 생각을 하지 않고 자랐기 때문이다.

부모 역시 아이들에게 '노'라고 말해야 한다. 다만 부모가 노라고 말할 땐 아이에게 그 이유를 충분히 설명해줘야 한다. 왜 할 수 없고, 지금 안 되는지를 설명해 줘야 한다. 부모의 설명을 들은 아이들은 점차 스스로 공감하고 이해를 할 수 있는 뇌의 능력이 커지기 시작한다. 이렇게 조금씩 아이들의 뇌가 상대방을 생각할 수 있는 여지를 만들어 주고 남겨줘야 한다.

항상 '예스'라고 말하던 사람이 갑자기 노라고 말할 땐 부담스럽고 막막 할 수 있다. 그러나 계속 노력하고 행동으로 옮기다 보면 결국 좁은 틈이 점차 넓어져 제 몸 하나 나갈 수 있을 정도의 틈이 생기기 마련이다. 그러니 "NO"라고 말해라.

부드럽게 NO를 말하는 Tip

01. **시간을 좀 주세요!**

부탁을 받은 그 자리에서 분명하게 거절을 말하기 어렵다면 "생각해 보겠습니다. 시간을 좀 주세요"라고 말한다. 상대에게 내가 충분히 고민하고 내린 결정이라는 걸 보여줬기에 강한 반발을 막을 수있다. 물론 상대가 시간을 달라는 말을 듣고, 긍정적으로 받아들이는 성향이라면 그 자리에서 분명하게 말하는 편이 좋다.

02. **상대와 타협을 한다.**

부탁을 하는 상대의 사정을 끝까지 잘 듣고, 현재 자신의 상황은 부탁의 일부만을 들어 줄 수 밖에 없다고 말해라.

03. **우유부단하게 거절하지 말아라.**

거절을 하기 위해서는 충분한 경청을 해야 한다. 상대가 무얼 원하고 있는지 정확하게 파악해 둬야 거절을 할 때도 힘이 생긴다. 지금 거절을 하겠다는 판단이 섰다면 분명하게 말해야 한다. 돌려서 말하거나 우유부단하게 말하게 되면 상대를 기대하게 만들 수 있기 때문에 분명하게 거절의 의사를 밝히는 편이 낫다.

04. 거절을 반복한다.

지금은 부탁을 들어줄 수 없다는 거절의 뜻을 계속 밝혀도 끈질기게 부탁을 청하는 사람이 있다.
그렇다고 화를 내거나 짜증내지 말고 거절을 해야 한다.
화를 내며 거절을 한다면 결국, 양쪽 다 감정이 상하게 된다. 현명하게 거절하기 위해서는 처음처럼 부드럽게 계속 거절을 해야 한다.

05. 거절한 사람을 찾아가자.

부탁한 사람의 나이가 많든 적든 거절을 당했다면 마음이 상했을 확률이 높다. 상황이 정리된 후 찾아가 도움을 주지 못해 미안함을 밝힌다면 상대에게 혹시나 있을 마음의 앙금을 씻어 낼 수 있다.

Part 05

자랑하는 뇌는
건강하다

　자랑하지 말라고 배웠다. 언제나 겸손해야 한다고 배웠다. 우리는 자기 자랑은 못 배우고 수양이 덜 된 사람으로 생각했다. 자기 자랑을 하면 스스로가 사람들의 입방아에 오르내린다고 생각했다.

　필자 역시 학창시절부터 자기 자랑은 하지 말아야 할 행동이고 못 배우고 격이 낮은 사람이라고 배웠다. 틀린 말은 아니지만 그렇다고 전부 맞는 말은 아니다.

　사실 자랑할 만한 일이 있어도 자신이 하지 않으면, 누가 대신 내 자랑을 해주는 사람은 드물다. 특히 급변하는 삶을 살아가는 요즘에는 더 그렇다. 때와 장소를 가려서 잘만 한다면 자랑은 나쁘게만 볼게 아니다. 자랑의 대부분은 자기를 과대 포장하려고 해서 문제가 된다. 결국 이런 문제는 눈살 찌푸리게 만드는 상황으로 가게 된다.

　보통은 다른 사람의 포장된 자랑을 듣기 싫어한다. 그걸 모르고 계속 자기 자랑에 정신 팔린 사람을 좋아하는 사람은 많지않을 뿐더러,

인기도 없다. 원래 자랑은 내가 아닌 타인의 입에서 나오는 것이 바람직하기 때문이다.

그러나 오롯이 당신만의 꿈과 비전을 계획하고 행동하고 있다는 걸 자랑하는 건, 자신의 의지를 재 확인하는 것이다. 남의 눈살을 찌푸리게 하지 않고 감정을 상하지 않는 선에서 하는 자랑을 나쁘게만 볼게 아니다. 다른 사람들에게 당당하게 자신을 알릴 수 있는 수단이기도 하다.

말에는 행동력과 의지력이 수반된다. 자기 자랑을 한다는 것은 결국 행동과 의지를 다지며 자신을 높이는 행위다. 더불어 적당한 자기 자랑은 비타민을 먹는 것처럼 뇌의 활력을 불러 온다. 겁을 먹거나 무서운 환경에 놓여 있을 때 몸이 위축되고 행동이 작아지는 것처럼, 우리 뇌도 자신 없는 상황이 반복되면 작아진다.

캐나다 맥길 대학의 소니아 루피엥 박사 영국 런던에서 열린 왕립학회 학술회의에서 뇌에 관련해서 발표한 자료가 있다. 루피엥 박사는 노인 92명을 대상으로 15년에 걸쳐 뇌 조영과 뇌 기능 테스트를 실시한 결과 자신감이 결여된 사람들이 자부심이 강한 사람들에 비해 뇌의 크기가 약 20% 작고 기억과 학습기능도 현저히 떨어지는 것으로 나타났다고 밝혔다. 자신감과 자존심이 없는 사람은 뇌가 축소되면서 기억력, 학습능력 같은 뇌 기능도 저하 된다고 발표했다.

루피엥 박사는 그러나 이러한 부정적인 생각을 지닌 사람이라도 심리치료를 통해 생각하는 방식을 바꾸도록 가르치면, 뇌 기능의 저하를 회복할 수 있을 것으로 믿는다고 밝혔다. 이를 뒷 받침 할 일부 동물 실험과 임상 시험도 있다고 말했다.

나이를 먹으면서 기억력이 떨어질 것이라는 두려움은 "아마도 그럴 수 밖에 없겠지"하는 자기 충족적 예언(self-fulfilling prophesy)일 수 있으며 이러한 불안이 부정적인 생각을 갖게 하고 이것이 다시 뇌 기능 저하로 이어지게 된다고 루피엥 박사는 설명했다.

냉장고에 전화기를 넣는 다거나, 마트에서 뭘 살지 기억을 못하는 행동이 나이가 들어갈수록 생기는 현상이라고 당연시 하다 보면, 잃은 것을 되찾기 위한 노력을 절대 하지 않게 된다는 것이다.

실제로 자신감이 없는 사람은 무의식 중에 취하는 자세에도 자신 없는 행동을 보이기 마련이다.

자기 자랑은 자신감을 높이기 위한 방법 중 하나다. 하지만 많은 사람들이 자기 자랑을 하는 것과, 떨어진 자신감을 회복하는 걸 어렵게 느끼곤 한다. 너무 어렵게만 느끼지 말기 바란다.

미국 하버드대학교 에이미 부교수 연구팀은 단 몇 분 간 자세만 바꿔도 자신감을 회복하는 방법을 말해주고 있다.

원더우먼이나 슈퍼맨의 '파워포즈(high-power posing)'로 서있기만 하면 된다. 책상에 한 손을 짚고 서거나 기댄 자세, 그리고 의자에 앉아서 책상에 다리를 올리고 손은 목 뒤로 깍지 낀 자세가 바로 파워 포즈 자세다.

에이미 부교수 팀은 실험참가자들에게 몇 분 간 만 파워포즈 자세를 해주기를 주문했다. 그런데 놀랍게도 이렇게 행동하는 것 만으로도 몸 속의 화학상태가 변화했다. 이 사람들은 자신감과 권력의 호르몬인 테스토스테론이 20%나 상승하였고, 반면에 스트레스를 받으면 분비되는 코티솔이 25%나 감소했다. 실험 참가자들은 "힘이 있다고 느껴진다." "위험에 대해 더 큰 용기가 생긴다."라고 답했다. 당당하게 어깨를 펴고 양 손을 양 쪽 옆구리에 얹은 '파워 포즈'로도 좋은 효과가 있다.

이런, 파워 포즈'가 다르게 보면 우리나라 정서에는 건방지고 맞지 않게 다가올 수 있다.

유기화학 박사이면서 심신의학 분야의 세계적인 권위자인 데이비드 해밀튼 박사는 "기본적으로 우리의 근육은 뇌에 연결되어 있다. 행복을 느끼면 미소를 짓는다. 얼굴 근육이 뇌의 감정적 영역에 연결되어있기 때문에 자동적으로 움직이는 것이다. 대부분의 사람은 이것이 반대로도 작용한다는 것을 모른다. 〈중략〉 대신 그냥 그런 '척'하는 게 아니라 의도적으로, 온 마음을 다해 그렇게 해 보시기 바란다."라고 이 실험의 원리를 설명했다.

연구를 진행했던 에이미 교수는 "실제로 그렇게 될 때까지 그런 척

하세요(Fake it 'till you make it). 이 연구가 무력감과 낮은 자존감으로 고통 받는 사람들에게 많은 도움이 될 것이라 생각한다."라고 말했다.

만약 자신감이 떨어졌다면 이 방법을 통해 자신을 높일 수 있다. 그러나 뭐든 과유불급이다. 아무리 맛있는 음식도 매일 먹는다면 물리듯, 자칫 지나친 행동이 오해를 부를 수 있다.

사람의 표정, 몸짓, 억양만 봐도 자신감이 있는지 없는지 그 행동이 몸에 배어 나오기 마련이다. 자신을 과대 포장하는 것이 아니라, 당당하게 표현하는 것은 자존감을 높이는 행동이며 건강한 뇌를 만드는 행동이다. 스스로 대단한 사람이라고 생각하고, 자신 있는 행동을 하면, 우리 뇌가 느끼는 것도 달라진다.

칭찬 역시 매일 들으면 더 이상 칭찬으로 들리지 않는다. 자신감을 높이는 것과 자기 자신의 자랑에 도취되어 자랑 그 자체에 만족하는 실수를 해서는 안 된다.

이제는 당신이 갖고 있는 꿈. 비전. 계획들을 당당히 주변에 자랑해 보라. 더 큰 자신감이 생긴다는 걸 느낄 수 있을 것이다. 이제는 눈치 보지 말고 당당하게 진짜 자기 자랑을 하자.

Chapter

[04]

계획하는
뇌

．

계획하라.
당신의 뇌는 뛰게 된다.

Part 01

계획하지 않는
뇌 유죄

미국과 캐나다 사이에 있는 나이아가라 폭포, '천둥소리'라는 의미를 갖고 있는 이 폭포는 말 그대로 땅을 뒤흔드는 거대한 굉음과 하얗게 피어 오르는 물안개, 그리고 주변의 절경을 배경으로 한 아름다운 무지개로 세계에서 관광객이 가장 많이 찾는 절경 중 하나이다.

이 폭포의 빼놓을 수 없는 또 하나의 매력은 레인보우 브리지(무지개다리)다.

어떻게 244미터나 되는 험한 협곡에 이런 다리를 놓았을까? 그 시작은 의외로 간단했다. 1847년, 현수교 설계시공 전문가인 찰스 엘렛 주니어(Charles Ellet Jr)는 우선 연을 띄워 연줄로 다리 양쪽을 연결했다.

그리고 나서 연줄에 코일을 매달아 잡아 당겼고, 다음에는 아주 가는 코일에 약간 더 강한 철사를, 그 다음에는 철사에 밧줄을 매달아 당겼다. 이렇게 해서 만들어진 쇠줄을 이용해 구름다리를 놓기 시작했고, 마침내 사람들이 원하던 대로 나이아가라 폭포 위에 레인

보우 브리지가 놓이게 됐다.

험한 협곡 위에 건설된 웅장한 다리도 연을 띄운 작은 일 하나로 시작됐듯 모든 위대한 성취에는 반드시 첫 번째 작은 시작이 있다.

- 〈실행이 답이다〉 이민규

"분명함이 집중력을 낳는다."   - 토마스 레너드 *Thomas Leonard*

우리는 여행을 가기 위해 교통편은 어떤걸 이용할지, 어디서 출발할지, 숙소는 어디로 정할지, 경비는 얼마를 사용할지 등 등 아주 짜임새 있고 자세하게 계획을 세운다. 그런데 정작 자신을 위한 계획은 몇 번이나 세울까? 1년이 지나도 오롯이 자신만을 위한 계획을 세우는 일은 거의 없다.

자신만의 계획을 세우라고 하면 보통은 거부 반응을 보이며 귀찮아 한다. 많이 해보지 않은 것들에 대한 거부감 때문이다. 난 꿈도 없고, 하고 싶은 것도 없으니까 계획을 세우려고 할 때 괜히 나 자신에 대해 미안한 마음이 드는 것이다. 단지 흰 종이에 계획을 적는 것이 전부인데도 말이다.

필요한 것이라고는 볼펜과 흰 종이만 있다면 할 수 있는 일을 1년이 지나도 하지 않는다. 몇 년이 흘러도 결국은 하지 않는다. 일에 파묻혀 시간은 하염없이 흘러가고, 삶은 늘 불만족스럽다. 미래는 언제나 막연하고 자신감은 이미 나를 떠난 지 오래다.

사실 계획하지 않으면 당신이 바라는 인생대로 살 수 없다. 바라는 게 있고, 꿈이 있다면 그것을 이루려는 계획을 세우고 계획대로 실천을 하는 것이 정석이다. 꿈은 있지만 계획을 세우지 않는다면 여권도, 돈도, 지도도 없이 여행을 떠나는 것과 다르지 않다. 당신은 이렇게 얘기를 꺼내도 쉽게 볼펜을 잡기가 어려울지 모르겠다. 하지만 시간을 가지고 시도 해보면 당신의 마음과 당신 주변의 상황이 조금씩 달라져 보이기 시작한다는 걸 느낄 수 있다. 생각보다 어렵지 않고 거부감이 덜 든다는 사실도 알게 될 것이다.

예전처럼 무거운 걸 들지 못하고, 쉽게 피로해지고, 기억력과 몸이 예전 같지 않다고 해서 슬퍼할 필요 전혀 없다. 당신이 나이가 많고 머리가 하얘지기 시작했다고 해서 전혀 기죽을 필요가 없다는 말이다.

'나' 답지 못하게 살아가며, 상황에 따라 세상과 타협하며, '나'를 잃어가며 살아가는 것이 눈물겹게 슬픈 것이다.

뇌는 자주 많이 사용할수록 좋아진다. 오히려 사용하지 않으면 녹이 슨다.

노벨 의학상을 받은 알렉시스 카렐의 말을 빌리면 "우리의 몸은 전성기에 비하여 30퍼센트가 노화된다. 주름지고 키가 줄어드는 등 육체는 노화의 길을 걷지만, 이는 생존을 위한 영리한 선택이다. 심장과 뇌로 에너지를 집중시키려는 것일 뿐이다. 우리의 몸은 늙지만 뇌는 늙지 않는다." 따라서 뇌의 기능을 높이고 뇌가 더 이상 늙는 것을 늦추는 것은 생각하고, 계획하고 종이에 옮겨 적는 것이다.

계획을 세울 때 좋은 방법은 바로 질문 하는 것이다. 당신은 바꾸고 싶은 습관이 있는가? 어떤 습관을 갖고 싶은가? 당신이 현재 가지고 있는 습관은 어떤 것들이 있는가? 스스로에게 물어본 적이 있는가? 없다면 지금이라도 묻고 생각해야 한다.

스스로에게 질문을 하는 순간 당신은 조금씩 발전하게 된다. 변화하게 된다.

뇌는 질문하는 것을 좋아한다. 뇌에게 있어서는 질문이란 어두운 바다의 뱃길을 알려주는 등대와 같다. 자신의 상황에 대해서 스스로가 질문하지 않았을 때, 그 문제가 무엇이고 어떤 상황에 놓여있는지 쉽게 알지 못한다. 알고 있다고 해도 다시금 쉽게 잊혀지곤 한다.

그러나 질문할 때의 뇌는 자극을 받아 생각하게 되고, 그 즉시 자료를 모아 최적화하여 당신에게 맞는 정보로 돌려준다.

스스로에게 질문한다는 것은 자기 자신에게 좀 더 집중하겠다는 뜻이다. 좀더 힘을 모으고 정보를 모으겠다는 것이다. 자기 자신을 알고 힘이 생기면 인생 살아가는 데, 조금 더 당당해지고 삶이 열정적으로 변하는 것은 당연한 결과다.

당신은 신데렐라 이야기를 알고 있을 것 이다. 아름답던 신데렐라는 12시가 되면 다시 누더기 옷으로 갈아입고 힘들었던 예전의 삶을 살아가는 신데렐라 말이다. 좋아 보이고 훌륭해 보이는 습관을 무작정 따라 하다가는 신데렐라 습관이 되기 십상이다. 당신 주변에서 잠시 잠깐 빛나는 습관을 만드는 것이 아니라, 쉽게 그 빛이 사라지지 않고 오래도록 유지되는 당신만의 습관을 만들어야 한다. 그러려면 시간이 걸리 더라도 당신 자신에게 질문해야 한다.

스스로에게 던진 질문으로 자신의 상황을 자세히 파악해 둬야 한다. 그런 뒤, 자신의 상황을 반영해 계획을 세워야 한다. 하루에도 몇 번씩 갖고 싶은 습관이나 버려야 할 습관들은 무엇인지 묻고 또 물어야 한다.

질문으로 예전보다 목표에 명확해진 당신의 뇌는, 어떤 습관을 원하고 어떤 습관을 버려야 한다는 걸 알려줄 뿐만이 아니라 그 이유까지 분명하게 설명해 줄 것이다.

버릴 습관과 앞으로 만들어야 할 습관이 분명해졌다면 즉시, 그 내용을 자세히 기록해야 한다. 왜냐하면 시간이 흐를수록 명확해졌던 정보의 기억들이 희미해지기 때문이다. 기억이 희미해진다는 것은 곧 행동력도 약해진다는 걸 말해준다. 생각하고, 기억하고 있을 때 재빨리 메모지에 적어두는 행동은 실행을 위한 최고의 방법 이다.

기록한 내용은 조금만 수정하면 바로 훌륭한 당신만의 계획이 된다. 당신은 머리가 좋아서 또는 기억력이 좋아서 굳이 메모를 하지 않아도 상관없다고 말 할지도 모르겠다. 그러나 인간은 망각의 동물이라고 하지 않았던가? 알고 있다고 말하지만 시간이 흐를 수록 그 기억조차 희미해지는 것이 사람이다. 하물며 질문을 통해 뇌에서 얻은 정보를 외부에 표현하지 않고 기록으로도 남기지 않는다면 그 정보 순식간에 사라져 없어지고 만다. 레오나르도 다빈치, 물리학의 천재 알버트 아인슈타인, 발명왕 에디슨, '식객', '타짜'로 유명한 만화가 허영만 이들은 모두 메모광이다. 귀찮다고 생각할지 모르지만 한 번, 두 번 하다 보면 이 또한, 좋은 습관으로 당신에게 남는다.

메모하지 않는 다면 당신의 뇌를 통해 얻은 소중한 정보를 그냥 쓰레기통에 버리는 것과 같다. 우리의 뇌는 그 순간에 정보를 기억할 것처럼 있다가도 시간이 흐르면 점차 그 정보가 중요하다는 사실을 잊곤 한다. 조금 더 시간이 흐르면 뇌는 기억해야 한다는 사실도 잊게 된다.

항상 메모하는 습관을 만들어 둔다면 소중한 정보를 허망하게 잃어버리는 일을 최소화 할 수 있다. 계획은 메모를 좀 더 발전시킨 모습이다. 수많은 정보들이 있지만 나에게 맞추고 최적화 시키는 것이 계획이다.

필자 역시 메모하거나 종이에 계획을 세워 진행하는 걸 좋아하지 않았다. 매번 적는 것이 귀찮았다. 다이어리나 메모지를 갖고 다니는 것이 불편했고, 휴대폰 메모 앱 역시 며칠 지나면 귀찮아서 적지 못했다. 하지만 메모하고 계획하는 습관을 조금 더 일찍 만들었다면, 지금 보다 더 나은 모습을 기대할 수 있었을 거란 생각에 늘 아쉬움이 남는다.

스스로에게 질문하여 세운 계획은 당신을 변화의 출발선에 서게 한다. 결심한 일은 반드시 이뤄내려는 엄청난 힘을 가지고 있는 뇌. 그 시작은 바로 계획에 있고, 계획은 스스로의 질문에 있다.

우리가 진정으로 원하고 이루려는 목표를 계획을 하는 순간, 뇌는 투혼을 발휘하게 된다. 뇌 기능이 얼마나 발휘될지는 당신이 지금 상상하고 그려내는 계획에 달렸다. 다이어리 위에서 정리되지 않은 생각으로 이리저리 왔다갔다하는 생각들. 그 생각들이 그려내는 볼펜의 흔적들이 바로 당신의 계획이 된다. 그것이 바로 당신의 목표가 되고 꿈의 지도가 된다. 비로소 인생의 지도가 만들어지기 시작하는 것이다.

건강한 식단을 위해서도 하루 하루 계획을 세운다. 꿈과 인생에서 바라는 것을 위해 계획을 세우는 것은 너무나도 당연하고 가볍게 볼 것이 아니다. 당신만의 계획을 세우고 실천하는 것. 하루하루 어제보다 더 탄탄해진 당신을 만나는 행위다. 계획은 놀라운 뇌의 힘을 경험할 수 있는 길로 당신을 안내한다.

노후대책으로 어떤 대비를 하느냐는 질문에 개그맨 전유성 씨가 한 말이다.

"60대에는 무슨 일을 하고, 70대에는 무슨 일을 하며, 80대에는 어떤 일을 할 것인가를 계획하는 것이 나의 노후 대책입니다."

계획하지 않는 것은 생각없이 사는 거와 다를 바 없다. 허송세월 시간을 버리게 된다. 얼마나 무모하고 의미 없는 짓이란 말인가? 무언가를 하다 뜻대로 되지 않고, 어려우면 '이게 아니구나'하고 다시 돌아가 버린다. 시간 낭비 일 뿐만 아니라 심리적, 물리적으로도 많은 손해를 본다.

자신만의 기준으로 살아가지 못한 채로 세상이 정해놓은 규칙대로 살아가는 것을 슬퍼해야 한다. 인생은 영원하지 않다. 아니 짧다. 알토란 같은 당신만의 인생을 살기 위해선 계획하는 삶은 필수다. 다이어리나 노트를 꼭 챙겨라. 이게 귀찮다면 휴대폰 일정 또는 메모 앱을 사용해서 계획적인 하루를 살아 보길 바란다.

가급적이면 스마트폰을 이용하지 않고 손으로 직접 써가면 계획을 세우는 것이 더 바람직하다. 스마트폰은 계획을 세우는 도중에 다른 쪽으로 빠질 유혹이 많고, 집중을 오래 하지 못하는 반면에 종이에 볼펜으로 써 내려가는 계획은 집중도 잘 될 뿐만 아니라 자신의 생각이 더 잘 표현이 된다.

글로벌 사이버 대학교의 뇌 교육 융합학부 하태민 교수는 "계획을 세울 때는 간단하고(simple), 이룰 수 있고(attainable), 측정할 수 있고(measurable), 즉각적(immediate)이며, 일관된(consistent) 것인지를 점검해야 한다" 고 말했다. 사람의 뇌는 어떤 일이 추상적이거나 복잡할 때보다 간단하고 간결할 때 효율적이다. 또한, 계획한 것을 이뤘을 때 그 성공 경험을 바탕으로 다음을 계획하고 도전하는 힘을 얻게 되며, 그 계획의 수행 정도를 숫자나 도표 등으로 측정할 수 있을 때에 뇌는 계획의 수정과 변화 과정을 명확하게 인식할 수 있다고 말했다.

하버드 MBA과정 재학생들을 대상으로 목표 설정에 관한 연구가 진행된 적이 있었다. 재학시절 뚜렷한 목표를 세우고 그것을 달성하기 위한 구체적인 계획을 세운 학생은 전체의 3%였고, 13%목표는 뚜렷했지만, 구체적인 실천계획은 없었다. 재미있는 것은 그들의 졸업 후 수입이다.

목표와 계획이 뚜렷했던 3%는 나머지 97%의 평균 수입의 10배에 달하는 수입을 올리고 있었고, 목표만 있던 13%는 나머지 보다 평균 2배의 수입을 올리고 있었다. 결국, 목표와 계획이 강의실에 앉아있던 그들의 운명을 바꿔 버렸다.

대부분의 사람들은 지도도 표지판도 없이 낯선 세계를 여행하듯 인생을 살아간다.

IBM, 포드, 제록스, HP등을 담당했던 세계적인 경영 컨설턴트이자 베스트셀러 저자인 브레이언 트레이시는 '목표는 막연한 꿈이 아닌 기술'이라고 강조한다. 그는 성공하려면 앞에서 조사된 상위 3%의 방식을 따라 해야 한다고 말한다.

새우 잠을 자도 고래 꿈을 꾸라고 했다. 꿈만 꾸면 몽상가에 그친다. 그러나 그 꿈을 종이 위에 적는 순간 그 꿈은 현실이 된다.

Memo

계획 작성하는 TIP

꿈을 날짜와 함께 적어 놓으면 그것은 목표가 되고, 목표를 잘게 나누면
그것은 계획이 되며, 그 계획을 실행에 옮기면 꿈은 실현되는 것이다.

- 그레그 S. 레잇

01. 구체적으로 적어라.

추상적인 내용으로 계획을 세우기 보다는 구체적으로 명확하게 적
는 것이 좀 더 빨리 행동으로 옮길 수 있다.

02. 내일의 계획은 오늘 밤에 세운다.

오늘의 계획을 오늘 세우려고 한다면 생각보다 많은 시간을 허비하
게 된다. 내일의 계획을 오늘 밤에 세우도록 하자.

03. 구분을 잘 해놓아야 한다.

필요한 일과 필요하지 않는 일을 구분해야 한다. 할 수 있는 일과 할
수 없는 일을 구분하여 하루를 계획 한다.

04. 머리를 믿지 마라.

시간이 흐르면 기억이 희미해지기 마련이다. 아무리 뛰어난 기억력
도 메모 보다는 못하다. 사소한 것이라도 포스트잇 등을 사용해 도
움을 받아야 한다.

05. **장황하게 계획하지 마라.**

간결하게 계획 세워라. 남을 의식하지 않아야 한다. 남의 시선을 느끼며 세우는 계획은 의미가 없다. 오롯이 자신만의 계획이어야 한다. 그러나 최대한 간결하게 계획해라. 그래야 쉽게 기억되고 명확하다.

06. **흘러가는 시간을 기록을 해라.**

지금도 시간은 계속해서 흘러가고 있다. 지나간 일을 기록하는 건 평가의 기회를 자주 갖는다는 의미기도 하다.

포기도
습관이다

내가 극단적으로 포기가 빠른 사람 이라면 그는 정반대로 극단적으로 집요한 사람이다. 오우라 마사히로라는 인물로, 내 뒤를 이어 사장이 됐던 사람이다. 당시 호리바 제작소에서는 호흡을 측정해서 심폐기능을 조사하는 기계를 제조하고 있었다.

여기에 주목한 사람이 때마침 견학하러 왔던 통산성 연구기관인 공업기술원의 공해자원연구소 직원이었다. 그는 이 기술을 자동차 배기가스 측정에 응용할 수 있지 않겠느냐고 제안했다.

심혈을 기울여 만든 만든 제품을 자동차 배기가스를 측정 따위에 쓰고 싶지 않아서 거절했다. 며칠 후 나는 공장을 돌아보다가 한쪽 구석에 처음 보는 상자처럼 생긴 기계가 놓여 있는 것을 발견했다. 뭘까? 하고 뚜껑을 열어보니 안에 심폐기능측정기가 설치되어 있었고, 거기에 샘플링 장치와 부속품들이 빽빽하게 들어 있었다.

한눈에 배기가스측정기로 개조하기 위한 실험인 것을 알았다. 사장인 내가 거절한 연구를 사원이 제멋대로 몰래 진행해온 것이다. 나는 버럭 소리를 질렀다.

"이거, 누가 하는 거야?"

당시 개발 책임을 맡고 있던 오우라가 고개를 숙인 채 내 앞으로 나왔다.

"이봐, 내 허락도 없이 이런 일을 시작해서 어쩔 셈이야! 당장 시말서 써!"

"사장님. 그렇게 화만 내지 마세요. 이것은 적어도 서너 대는 팔립니다 . 도요타, 닛산, 그리고 마쓰다, 이스즈…."

그는 거꾸로 나를 설득시키려 했다. 나는 몇 마디 싫은 소리를 주거니 받거니 하다가 마지못해 허락하고 말았다.

"좋아, 알았어. 석 대야. 그 대신 석 대도 안 팔리면 시말서 써."

이렇게 해서 완성한 배기가스측정기는 석 대가 아니라 300대, 3만 대가 되고 세계적인 히트상품이 되어 우리 회사의 달러박스로 성장했다.　　　　　　　　　　　　　 - 〈CEO, 책에서 성공을 훔치다〉 최종옥

"습관은 제2의 천성으로 제1의 천성을 파괴한다."

– 블레즈 파스칼 *Blaise Pascal*

포기를 쉽게 하는 것도 습관이다. 습관(習慣) 한자로는 익힐 습, 익숙할 관으로 쓰이고 있다. 뜻을 풀이하면 '새가 날개 짓을 반복하여 익숙해진다'는 뜻이다. 또 다른 예를 들자면 습관은 공장에서 제품을 만들어 내는 '자동화 생산 라인'이라고도 볼 수 있다. 자동화 생산 라인은 공장에서 제품을 생산할 때 빠르고 균형 있게 작업 할 수 있게 한다. 그리고 제품의 품질과 시간의 효율성을 높이는 걸 말한다. 그래서 좋은 습관은 남들보다 시간을 벌 수 있고, 성공의 반열에 먼저 오를 수 있게 된다.

우리의 뇌는 한 번에 처리 할 수 있는 일의 양이 한정되어있기 때문에 습관이라는 정보처리 패턴이 없다면 매번 똑 같은 일을 할 때도 항상 새롭게 일을 하는 것처럼 에너지를 쓸 수 밖에 없다.

당신은 어떤 습관을 가지고 있는가? 좋은 습관을 만들어야 하겠지만, 먼저 나쁜 습관을 만들지 않는 게 더 중요하다. 쉽게 포기해버리는 행동들이 바로 우리가 버려야 할 나쁜 습관이다.

당신은 살면서 얼마나 많은 계획을 포기했는가? 얼마나 많이 당신의 계획이 사라져 갔는가? 혹시 도전 보다 포기를 더 연습하지 않았나? 쉽지 않았고 환경이 어려웠으며, 그때 상황이 따라 주지 않았다고 말하고 싶을지도 모르겠다. 충분히 그럴 수 있다. 그러나 그 상황

또한 당신이 만들었다고 생각은 해보지 않았나? 그 동안 당신이 중도 포기하지 않고 계획한 것들을 이뤘거나, 아직도 이뤄나가고 있다면 지금쯤 당신의 모습은 어떤 모습일까? 아마 지금보다 훨씬 더 높은 자존감 있는 사람으로 바뀌어 있지 않았을까? 포기하지 않는 삶을 살아왔다면 분명 더 많은 발전을 이룬 모습으로 살아가고 있을 것이다.

안 좋은 습관이 만들어 지면 당신의 발전을 방해하는 큰 걸림돌로 자리 잡는다. 잘못된 습관, 좋지 않은 습관들은 성공적인 인생을 살아가야 할 당신의 에너지를 고갈시킨다. 당신을 창의적이지 못하게 하고 뒷걸음치게 만든다.

당신에게 포기하는 습관이 있다면 지금부터라도 바꾸자. 반복적인 특정한 자극이나 행동으로 만들어져 가는 것이 습관이다. '언제나 시작하는데 있어 늦음이란 없고 후회는 언제나 늦다'고 했다. 나쁜 습관을 갖고 있다고 해서 부끄러워할 것이 아니라, 나쁜 습관을 고치지 못하는 것이 더 부끄러운 것이다. 나쁜 습관을 고치려는 생각과 노력을 하지 않는 것에 부끄러워해야 한다.

성공을 위해서라면 처음에 힘들 더라도 좋은 습관을 들여야 한다. 처음에 잘 못 배워 안 좋은 습관을 만들어 놓으면 되돌리데 몇 배의 시간과 노력을 쏟아야 한다.

전구를 만든 에디슨은 전구를 발명 할 때 2000번을 실패했다고 한다.

"2000번의 실패와 그때의 어려움을 어떻게 극복했냐"라는 기자의 질문에 에디슨은 다음과 같이 대답을 했다.

"실패라니요? 나는 단지 2000번의 과정(process)을 거쳐서 전구를 발명했을 뿐이오." 라고 했다.

에디슨에게는 2000번의 실패는 실패가 아니었다. 실패가 아니라 그 과정을 즐겼던 것뿐이었다.

– 〈내가 꿈을 이루면 나는 누군가의 꿈이 된다〉 이도준

에디슨뿐만 아니라 인류 역사에 길이 남은 사람들은 쉽게 포기하는 습관을 갖지 않았다. 다시 말해 포기하는 뇌를 갖지 않았다. 그렇다고 그들은 우리가 말하는 천재의 뇌를 가지고 있지 않았다. 포기하지 않는 끈기 그리고 자기 일을 즐기는 사람들 이였다.

사람들은 기적이라는 단어를 좋아하고 많이 사용한다. 그런데 이 기적은 포기할 때 보다, 포기 하지 않을 때 더 많이 우리에게 등장한다. 꼭 끝을 내리라는 강한 끈기, 열정이 기적을 불러 온다.

방법을 찾아야지 하면 방법을 찾으려 갖은 노력을 하는 것이 우리 뇌다. 반면에 '어려워. 쉽게 할 수 없는 거야.' 라는 생각을 뇌에 주입하면 상황이 어려워지기 시작할 때 '실패할 수도 있는 거지'또는 '그럴 수 도 있지' 라는 식의 변명의 여지를 만드는 것이 우리 뇌다.

계속해서 '그럴 수도 있지', '실패할 수도 있지' 라는 식의 불필요

한 자기 관대는 결국 포기를 부르고 어느 순간 습관이 돼버린다. 포기하는 습관이 당신을 발목을 잡는다.

우리의 뇌가 포기할 수 있는 여지를 가지고 생활해 간다면 포기도 습관이 되고, 만성이 되어 자기 자신의 마음에 찔림도 없게 된다. 우리나라에 세 살 버릇 여든 간다'는 속담이 있다. 그것이 좋은 습관이든, 나쁜 습관이든 한 번 익힌 습관은 평생 지니며 살아가게 된다는 말이다.

한번의 포기도 용납하는 마음을 갖지 말기 바란다. 이렇게 마음을 먹어도 우리는 살면서 싫든, 좋든 수 없이 포기하기는 순간이 다가오기 마련이다.

하지만 중도 포기했다고 해서 모든 것이 원점으로 돌아가지는 않는다. 아주 작은 깨달음은 남는다. 처음 시작점 보다는 한발 더 전진했다는 얘기다. 목표를 달성하지 못했지만 계획하고 실행했을 때 뇌의 시냅스를 계속 활성화 시켰다. 노력하는 가운데 어려움을 만났고 실패를 했지만 자신을 돌아보게 되었고 실패한 상황을 알게 되었다. 이 점을 통해서 나름대로 보고 배우고 느낄 수 있다.

그러나 약간의 경험과 느낀 점이 생겼다는 것에, 작은 위로를 가질 수는 있지만 골인하는 것과 중도 포기는 엄연히 차이가 크다는 걸 분명히 알아둬야 한다. 당신의 뇌가 중도 포기했을 때, 얻는 정보와 목표 달성을 했을 때 얻는 정보의 양은 크게 차이가 난다.

포기하지 않는 습관을 갖는 다면 우리 뇌는 예전보다 더 많은 혁신적 변화를 가지게 된다.

좋은 습관을 만든다면 굉장히 편리하게 만들어진 성공의 지름길을 알게 된 것이다. 좋은 습관이란 결국 우리 뇌가 효율적인 정보처리 패턴을 만들어 사용하게 된다는 걸 말한다.

좋은 습관은 불필요한 생각과 에너지를 쓰지 않고, 선택과 집중을 할 수 있게 만든다. "당신이 할 수 있다고 생각하든, 할 수 없다고 생각하든, 당신은 옳다." 포드 자동차의 회장인 헨리 포드가 했던 말이다. 당신이 어떻게 생각하든 그 생각은 맞다 라는 얘기다. 당신이 할 수 있다고 생각해도 당신이 옳고, 당신이 할 수 없다고 생각해도 당신이 옳다. 앞에서 말했지만 우리 뇌는 당신이 처음 내려준 생각대로 자료를 찾고 정보를 만든다. 할 수 없다고 생각이 들고 포기하려는 생각을 갖는다면 뇌는 그 방법을 찾아준다. 당신의 생각대로 되기 때문이다.

처음에는 자신도 모르게 어떤 습관에 대한 신경회로가 형성되었을 수는 있다. 처음에는 이런 저런 습관에 대한 뇌의 신경회로가 형성되어 있겠지만 새로운 습관, 좋은 습관을 가지겠다고 결심했다면 의지를 갖고 반복하면 된다.

뇌 신경 가소성의 원리에 의해서 우리 몸은 의도적으로 주의를 집중하거나 반복적인 행동들의 상황에서 새로운 시냅스가 생성되고,

이 생성된 시냅스는 연결을 더욱 강화하게 된다.

〈공부의 힘〉 황농무 교수는 도전 받는 뇌에 대하여 다음과 같이 이야기 하고 있다.

"예를 들어 매우 어려운 수학 문제를 포기하지 않았을 때 뇌의 반응이다. 전두엽의 명령을 받은 뇌 부위는 충실하게 명령을 수행해 이 문제를 풀기 위한 일련의 작업을 한다. 이것이 바로 관련된 시냅스의 활성화다. 활성화된 시냅스가 늘어난다는 것은 그 문제를 풀기 위한 시냅스의 수가 늘어났다는 뜻이고, 뇌의 몰입도가 올라감으로 주어진 문제를 해결하는 능력이 선택적으로 올라갔음을 의미한다.

이러한 과정을 통해 뇌에서 시냅스가 영구히 변형되면 창의적 문제해결능력이 향상되고 머리가 좋아지게 된다. 포기하지 않고 생각을 거듭한 끝에 10분 만에 그 문제를 풀었다고 하자. 이는 10분 전에는 없었던 지적 능력이 생겼음을 의미한다. 이처럼 우리의 지적 능력은 뇌의 몰입도에 따라 고무줄처럼 늘어날 수 있다. 이처럼 몰입도가 올라가는 과정은 목표지향에 의한 것이므로 이 기능을 작동시키려면 목표가 있어야 한다."

이렇게 뉴런들 사이에 시냅스 연결이 강화되면서 새로운 습관에 대한 학습과 행동이 이뤄진다. 반대로 버려야 할 습관을 더 이상 행동하지 않는다면 시냅스의 연결이 약해져 자연히 끊게 되는 것이다.

그렇다면 우리가 하나의 습관을 만드는데 걸리는 시간은 얼마일까?

영국 UCL(university college London)에서는 습관을 만드는데 걸리는 시간에 대해서 실험을 진행했다. 지원자들에게 하나의 행동계획을 만들게 하여 12주 동안 매일 하게 한 후 인터넷으로 질문에 대한 답변을 하게 하였다. 질문의 핵심은 무의식적으로 습관적인 행동을 하게 되었는지에 관한 것이었다. 사람마다 차이는 있지만 연구에 참가한 사람들이 새로운 습관을 형성하는데 걸린 평균시간은 약 66일이라고 했다.

즉, 습권을 만드는 것은 어렵지 않고 오랫동안 반복하기만 하면 습관이 된다.

뭐든 계속 시도하고 연습하면 나중에는 그 분야의 프로와 비슷해진다. 열심히 하면 똑똑한 사람, 재능을 타고난 사람과 같아진다는 점을 명심하기 바란다. 영화 가타카를 보면 태어날 때부터 모든 열성유전자를 제거하고 우성인자로만 태어난 완벽한 신체조건의 동생과 그에 비해 과학의 힘을 받지 않고 자연임신으로 태어난 형이 있다. 형은 모든 면에서 동생에게 상대가 될 수 없다. 그런 주인공은 동생의 수영 시합에서 결국 이기게 된다. 신체조건으로 절대 이길 수 없는 게임이지만 영화의 주인공인 형은 노력과 연습을 통해 결국 승리한다.

실제로 한 번에 모든 것을 이루는 사람은 거의 없다. 결과는 끊임

없는 반복 여부에 따라서 성공과 실패로 나뉜다. 세계적인 바이올린 연주자 '사라사테'는 자신을 바이올린의 천재라고 부르는 사람들에게 이렇게 말했다고 한다.

"하루에 14시간 이상 37년 동안 연습한 천재를 본 일이 있는가?"

– 파블로 데 사라사테 Pablo de sarasate

한 번 해보고 안되면 바로 포기하는 사람이 있는가 하면, 될 때까지 반복해서 시도하는 사람. 당신은 어떤 부류에 속하는가? 절대로 한 번에 이루어지는 것은 없다. 습관이 될 때까지 반복해야 성공은 다가온다.

유전법칙의 발견자인 '멘델'은 말했다.

"아무리 키가 작은 유전자를 가진 완두콩이라고 하더라도, 성장과 정에서 많은 양분과 햇빛을 비쳐주면 키 큰 유전자를 가진 콩보다 더 크게 자랄 수 있다"

멘델의 이 말은 우리에게 많은 희망을 갖게 한다. 열성인 유전자로 할지라도 인간 본연의 의지와 노력으로 극복해 낼 수 있다는 걸 말이다. 열성이 우성을 이긴다는 것은 지극히 인간적이면서 우리를 눈물 나게 한다.

우리가 결정하면 뇌는 움직인다. 포기하는 자로 남을 것인가? 아니면 포기하지 않고 목표한 바를 이루는 사람으로 남을 것인가? 이제 선택만이 남아 있다. 세계적인 부자 빌 게이츠가 자신의 성공 습관에 대해서 "다른 사람의 좋은 습관을 나의 습관으로 만든 것"이라고 이야기 한 것처럼 새로운 습관을 들이는 것이야 말로 가장 좋은 방법이다.

휴대폰 배경 사진을 당신이 이루고 싶은 꿈의 사진으로 바꾼다거나, 닮고 싶은 인물의 사진을 잘 보이는 곳에 붙이는 행동들은 자신의 목표를 잃지 않게 뇌에 계속 주입시키는 것이며 이루겠다는 결의를 다지는 것이다. 포기하지 않기 위한 방법이다. 계속해서 당신이 세운 계획을 이루겠다는 생각을 뇌에 심어주어라. 이런 생각은 뇌에 강한 자극으로 남아, 남들이 기적이라 할 만한 결과를 남긴다.

습관을 만든다는 것은 결국 좋은 것이든, 나쁜 것이든 자기 자신과의 싸움이다. 우리가 가져야 할 가장 좋은 습관은 이러한 자신과의 싸움을 이겨내고 어제 보다 오늘 더 성장하는 것이다. 이것이 우리가 가질 수 있는 가장 좋은 습관이다.

> 햇빛 자체로 종이가 타지 않는다. 그러나 렌즈로 빛을 모으면 불이 붙는다.
> — 〈일 잘하는 사람 일 못하는 사람〉 호리바 마사오

Part 03

뇌를 녹슬게 하는
TV

우리가 살아가면서 먹고 자고 일하는 것 이외에 가장 많은 시간을 사용하는 것은 어떤 게 있을까?

학교에서 공부하고, 회사에서 일하는 시간을 뺀다면 우리가 가장 많이 이용하는 시간은 무엇일까? 아마도 무의식적으로 리모컨을 찾으며 TV를 보는 시간이 가장 많을 것이다. 매일 무슨 일이 있어도 본방 사수하는 프로그램이 있고, 피곤한 일상에서 TV를 통해 웃음을 찾고 스트레스를 푸는 사람이라면 이 장이 상당히 부담스러울 수 있다.

예전에 비해 여가를 즐길 수 있는 시간은 늘어 났다. 많은 사람들이 늘어난 여가 시간에 쉽고, 편하게 즐길 수 있는 TV를 선택 한다.

하루 종일 켜놓은 TV를 바라 보며, 이제 재미없다고 느끼면서 리모컨의 전원을 누르지 못한다. 문화체육관광부와 한국문화관광연구원이 발표한 '2014년 국민여가활동조사'에 따르면 한국인의 하루 평균 여가 시간은 평일 3.6시간, 휴일 5.8시간으로 나왔다. 이 수치는 지난 2012년 조사의 3.3시간과 5.1시간보다 각각 0.3시간과 0.7시간 늘어났다. 우리나라 사람은 하루 4시간 미만이고, 절반 이상의 사람들은 여가 시간에 TV를 시청한다.

인터넷과 스마트폰의 보급으로 SNS, 게임, 산책 등이 있지만, 우리 나라 사람들이 가장 쉽게 많이 하는 여가 활동으로 TV 시청이다. 뿐만 아니라 디지털기기를 이용해 쉬는 시간 또는 휴일에 TV를 시청한다. 이 때문에 평균 TV 시청 시간은 점점 늘어나고 있는 상황이다.

취미 생활로 TV를 보며 웃고 스트레스 푸는 것이 뭐가 나쁘냐고, 뇌에게도 좋은 거 아니냐고 반문할지 모르겠다.

TV시청이 나쁘거나 잘못된 행동은 아니다. 분명 TV를 통해 분명 유익한 정보도 얻는다. 그러나 TV를 통해서 얻는 웃음과 정보 그리고 스트레스 해소라는 명분으로 TV를 시청하는 것은, 작은 걸 얻고 큰 걸 내줘야 한다는 걸 알아야 한다. 지금보다 조금 더 나은 인생을 살아가고, 삶을 변화시키는데 있어 TV는 투자대비 얻는 게 너무나도 적다.

당신이 이 책을 읽는 것 역시 당신의 삶을, 당신의 하루를 변화시킬 마음에 읽고 있지 않은가? 조금 더 생산적이고 계산적으로 삶을 살아갈 필요를 느끼는 지금 소극적 여가 활동인 TV는 인생에 많은 변화를 주지 못한다. 혁신적인 뇌 변화를 꿈꾸고 있다면 TV를 끊거나 줄이는 결단을 해야 한다.

TV를 교육 목적으로 본다고 할지라도, 실수(?)해서 채널이라도 돌리면 의도했던 교육의 목적은 삼천포로 빠지기 쉽고, 그 유혹을 버티는 사람은 드물다.

더구나 TV를 통해서 얻어지는 시청각 정보는 일방적인 정보다. 쌍방간의 소통으로 얻어진 정보가 아닐뿐더러 혼자 생각하고, 갈무리 할 시간도 없이 일방적으로 계속해서 주입 해주는 방식이다. 이로 인해 뇌의 활동이 줄어든다. TV를 봄으로써 활동량이 줄어든 뇌는 주어진 정보의 비교,분석,판단 능력이 떨어지게 된다. 뿐만 아니라 정보 저장능력도 떨어진다.

뇌는 계속 사용해야 한다. 다시 말해 TV는 끊임없이 생각하고 사고해야 하는 뇌를 수동적으로 만들어 정보의 옳고 그름을 판단하지 못하게 한다. 또한, 모든 것을 영상으로 보여줌으로써, 머리 속의 상상력과 창의성을 약화시킨다. 이렇게 생각 없이 TV를 보다 보면 1~2시간은 훌쩍 지나가 버린다. 시간 투자대비 비효율적이 않을 수 없다.

뿐만 아니라 장시간 TV시청은 건강에도 악영향을 끼친다. 미국 의학 협회지(The Journal of American Medical Association)에 발표에 의하면 장시간의 TV시청이 당뇨, 심혈관 질환 발생 및 사망률을 높인다는 연구결과가 나왔다. 연구 결과에 따르면 당뇨와 심혈관 질환은 시청 시간이 길수록 증가하였으며, 사망률은 하루 3시간 이상 시청 시 증가하였다. 하루 TV시청시간을 2시간씩 줄일 때 마다 10만명당 176건의 당뇨병 발병 건, 38건의 심혈관질환 발병 건, 104건의 사망 건을 매 년 줄일 수 있는 것으로 추정된다고 발표했다.

또한 연구 책임자인 프랭크 후 하버드대 영양질병학 교수는 TV 시청을 획기적으로 줄여야 당뇨병, 심장병, 조기사망 위험을 줄일 수 있다며 신체활동을 늘리고 TV 시청처럼 오래 앉아 있는 시간을 줄여야 한다고 주장했다.

TV가 당신을 망치는 이유는 또 있다. 바로 가족과의 대화 단절이다. 당신을 사랑하고, 지지하고 위로 해주는 가족. 다툼이 있을 지라도 언제나 당신을 품어줄 가족. 하루의 시작과 끝을 함께 나누는 가족. 그런 가족과의 대화가 TV로 인해 단절되고 있다. 대화를 나누든 식사를 하든 TV는 항상 켜놓는다. 대화를 나누더라도 TV 뉴스, 드라마에서 나오는 이야기로 대화를 시작하고 대화를 마무리 짓는다.

오로지 내 아내에게, 내 남편, 아이들에 맞춰진 이야기. 내 가족의 이야기가 아니라 TV 드라마 속 남자, 여자가 주제이고 그날 일어난 뉴스 속의 사건, 사고가 주제로 가족의 대화가 시작과 끝을 이룬다.

TV에 나오는 이야기들이 가족의 이야기는 아닌데도, 거의 매일같이 반복하고 있다. 참으로 안타까운 현실이다.

자라나는 청소년들에게는 성인용 영화나 드라마, 또는 폭력적인 장면이 많이 포함된 TV영상은 자아형성에 악영향을 끼칠 수 있다. 뿐만 아니라 사회성까지 떨어질 수 있게 만든다.

그리스가 트로이 전쟁에서 거대한 목마를 이용해 전쟁에서 승리했다고 전해지는 이야기가 있다. 바로 그 유명한 '트로이 목마'다. 컴퓨터 프로그램에서 트로이 목마란 겉으로 보기에는 전혀 해를 끼치지 않을 것처럼 보이지만 위험인자를 지니고 있는 프로그램을 말한다. TV는 '트로이 목마'와도 같다. 편하고 부담 없이 부드럽게 우리 생활에 다가온 TV는 서서히 우리의 시간과 뇌를 잠식해 가고 있다.

시청률 조사회사 TNMS는 재미있는 자료를 2011년 내놨다. 시청자들의 TV 시청패턴을 분석한 결과 시청시간이 소득과 학력에 반비례하는 것으로 나타났다고 밝힌바 있다. 소득이 고소득으로 올라갈수록 TV를 보는 시간이 줄어들고 저소득으로 갈수록 TV를 시청하는 시간이 늘어났다는 결과다.

이젠 TV 없이는 휴식과 대화가 어려운 시대를 살아가고 있는 것이며 식사를 하며 TV에서 나오는 주제로 진행되는 부모님의 밥상머리 교육은 그 의미가 점점 퇴색해지고 있다.

모든 것이 지나치면 부족한 것보다 못하듯, 적당한 TV시청은 나쁠 게 없다. 그러나 TV를 켜면 자동으로 대화가 줄어들기 마련이고 꺼버리면 자연히 상대방에게 즉, 가족에게 관심이 가기 마련이다. 공허함을 TV로 채우려 하지 말고 가족에게 더 관심을 가지고 줄어든 대화를 회복하길 바란다.

TV 사용을 줄일 수 있는 *TIP*

01. 습관적으로 리모컨을 잡는 행동을 하지 않는다.

자리에 앉거나 했을 때 무의식적으로 리모컨을 찾는 일을 피해야한다. 리모컨을 눈에 쉽게 보이는 곳에 두지 말고 높은 곳에 두거나 TV와 멀리 떨어진 곳에 두는 게 좋다. 스스로 TV를 보는 건 힘들다는 생각을 갖게 만들어 주는 것이 좋다.

02. TV보다는 라디오를 들어라.

TV가 보고 싶다면 차라리 라디오를 듣는 습관을 만들어라. 소리만 전해주는 라디오의 매력도 상당하다. TV와 달리 라디오는 들리는 정보에만 의지하다 보니 상상하게 한다. 바로 뇌를 움직이게 한다는 말이다.

03. 집안 청소를 하거나 산책을 한다.

TV를 보기 보다는 차라리 미뤄 두었던 청소를 해라. 방을 청소하고, 책상을 정리해 보길 바란다. 깨끗하고 정돈된 집은 정신까지 깨끗해지고, 긍정적이 되는 걸 느낄 수 있다.

04. TV를 봐야 한다면 정해놓은 시간 이외는 보지 않는 연습을 한다.

꼭 TV를 봐야 한다면 미리 정해놓은 시간에만 TV를 보는 연습을 한다. 정해놓은 시간이 넘어가면 과감히 TV를 꺼버린다. 한번 보게 된 TV를 시간 지났다고 꺼버린다는 것이 생각보다 쉽지 않다. 그러나 뭐든지 처음이 어려운 법이다.

05. **혼자 밥을 먹을 때 TV을 켜는 게 아니라 그 시간을 즐겨라.**

혼자 밥을 먹을 때 외롭다고 느끼는 사람들이 있다. 그러나 그 시간을 자신만의 시간으로 만들어 사용해 보자. 외로운 시간이라고 생각할 수 있겠지만, 자신을 보는 시간이다. 계획하고 있는 일을 더 탄탄히 계획하며 발전 시킬 수 있는 시간들이다. TV는 도움을 주지도, 외로움을 달래주지도 않는다.

06. **TV를 자주 보는 시간대를 파악하고 그 시간대는 피해라.**

자신이 자주 TV를 보는 시간대를 알아두자. 그 시간에는 TV의 유혹을 피해 밖에 나가 운동이나 산책을 하며 여유로운 시간을 즐겨라.

07. **스마트폰에서 TV보는 앱을 삭제하거나 아니면 바탕화면에서 보이지 않게 만들어 둔다.**

TV를 볼 수 있는 앱을 삭제하거나 스마트폰 메인 화면에서 보이지 않게 감춰두는 것도 TV와 정을 떼는 방법이다. 스마트폰으로 TV를 보더라도 최대한 힘들게 보도록 해보자.

Part 04

생각의 싱크홀(sink hole)
스마트폰

2013년 4월 3일 미국 콜로라도 주에서 대학생 하이트는 운전 중 아이폰에 문자를 넣고 있었다. "좋은 생각이야, 곧 봐, 나도…." 문장을 마치기도 전에 차는 중앙선을 넘어 갔고 하이트는 마주 오던 차를 피해 핸들을 돌렸는데 차는 그만 길 밖으로 굴러 떨어졌다. 그렇게 하이트는 죽었다.

"지난 여름 한강변에서는, 한밤중에 길을 건너던 여대생이 뺑소니 차량에 치여 숨졌습니다. 스마트폰 이어폰을 사용하다 변을 당한 것으로 보입니다"
                                                    - YTN뉴스, 2013년 8월 27일

"음…. 번호가… 뭐였더라?"

지금 휴대폰을 보지 않고 번호를 외우는 사람이 몇 명이나 있는가? 단축 번호로 저장되어 있는 사람들, 그들의 전화번호를 외우고 있는 사람은 몇 명인가? 혹시 가장 가까운 부모님의 번호 조차 스마트폰을 눌러야 하지는 않는가?

정보화 기기의 발달로 스마트폰과 테블릿 PC만 있으면 우리는 언제 어디서나 쉽게 원하는 정보를 찾고 이용할 수 있다. 그야말로 정보를 누리며 살고 있다고 해도 과언이 아니다.

많은 디지털 기기 중 우리 생활에 가장 가까운 스마트폰은 이제는 일반 PC와도 그 성능을 견줄 만큼 그 성능이 대단한 스마트폰. 다양한 모바일 앱(Mobile App.)을 자유롭게 설치할 수 있고, 시간과 공간에 얽매이지 않아 시간이 갈 수록 그 매력이 더해가고 있다.

다양한 정보를 제공해주는 스마트폰 사용이 생활화되면서 정보량은 많아졌고 이용시간은 길어졌다. 이제는 디지털기기와 스마트폰 없이는 전화번호를 외우거나 간단한 계산 조차 어려움을 느낀다. 디지털기기와 스마트폰 없이는 간단한 정보조차 기억하기 어려운 현실이다.

손가락으로 몇 번만 움직이면 언제 어디서나 쉽고 빠르게 원하는 정보를 얻을 수 있게 되었고, 전화번호를 외우는 일은 이제 불필요하고 의미 없는 짓이 되어 버렸다. 하루가 다르게 똑똑해지는 스마트폰이지만 우리는 왜 점점 바보가 되는 것일까?

스마트폰의 등장으로 우리는 점점 뇌를 사용하지 않는 시대를 살아가고 있다. 한 설문 조사에서 가족의 번호를 외우지 못하는 사람이 조사 대상의 3분의 1이라는 결과가 나왔다.

그만큼 뇌를 활용하는 시간이 줄어 들었기 때문이다. 생각하는 시간은 줄어 들었다. 블러그나 소셜네트워킹 서비스(SNS) 또는 글을 쓸 때도 스마트폰의 복사와 붙여 넣기는 우리에게 생각할 시간을 주지 않고 있다. 주차되어 있는 차의 위치를 스마트폰으로 찍고, 학생들은 칠판과 노트의 필기내용을 스마트폰으로 찍는다.

현재 우리는 컴퓨터와 인터넷, 네비게이션, 스마트폰, 태블릿 PC 와 같은 수많은 디지털 기기에 둘러싸여 있다. 우리는 이러한 빠르고 편리한 디지털기기가 없이는, 단 하루도 살아가기 힘든 세상을 살아가고 있다. 디지털 기기들은 하루가 멀다 하고 업그레이드 된 성능으로 더 쉽고 빠르게 정보를 제공 해주며 편리한 삶을 제공해주고 있다. 반면에 우리가 뇌를 사용할 기회를 소리 없이 빼앗아가고 있다.

왜 이렇게 스마트폰을 손에 놓지 않게 된 걸까? 우리는 왜 이렇게 스마트폰에 집착하는 걸까? 스마트폰은 지금도 이전보다 더 간단하고 편리하면서 흥미를 가지도록 만들어 지고 있다. 뿐만 아니라 스마트폰은 사용법을 알아가며 느끼는 재미, 수많은 앱을 자신의 취향과 상황에 맞게 다운받아 이용하는 재미가 있다.

이런 점 때문인지 스마트폰은 잠시도 우리 손에서 떨어뜨리지 않고 있다. 업무를 보거나 회의를 가도 휴대폰을 가져 간다. 길을 걸을 때도, 이야기를 할 때도 공부를 할 때도 스마트폰을 챙긴다. 심지어 휴대폰 없이는 화장실에서 일을 보기 힘들어 한다.

이제는 술, 담배, 마약에 이어 스마트폰에도 중독이라는 말을 붙이게 되었다. 스마트폰 등 휴대전화가 없을 때 초조하거나 불안감을 느끼는 증상을 일컫는 말로 '노모포비아'라고 불린다. 노 모바일폰 포비아(No mobile phone phobia)의 줄임 말 이다.

미래창조과학부와 한국정보통신진흥원의 자료를 보면 2014년 스마트폰 누적 가입자 수 4천만 명으로 국민의 80%가 스마트폰을 생활의 필수품으로 사용하고 있다. 스마트폰이 주는 많은 혜택이 있지만 그에 반해 스마트폰이 주는 강한 자극에만 길들여져 뇌를 사용하려 들지 않는다. 이로 인해 뇌의 판단력, 기억력 등을 담당하고 있는 전두엽의 기능 저하를 당연하게 받아들이고 있다. 이런 현실은 우리를 '디지털 치매'에 쉽게 노출되게 만들었다.

2004년 국립국어연구원의 신조어에 올랐던 디지털 치매란 디지털 기기의 과도한 사용으로 인해 사소한 것들을 점점 더 자주 잊어버려 기억력이 약화되는 상황을 말한다. 다시 말해 뇌 기능의 손상을 말하는 것이며 치매의 일종을 일컫는 말 이다.

스마트폰 중독에 가까운 이들은 배터리가 바닥에 가까워 질수록 괜스레 불안해 하며 초조해 한다. 잠을 잘 시간이지만 이불 속에서조차 스마트폰을 놓는 법이 없고, 밥 먹을 때도, 화장실 갈 때도 스마트폰을 늘 손에 쥐고 있다. 혹시 당신도 책장을 넘기는 지금까지 스마트폰을 한 손에 쥐고 있지 않은가?

스마트폰 중독은 스마트폰을 과다하게 사용하고, 스스로 조절 능력을 잃은 상태를 말하며 일상 생활에 문제를 느끼는 상태를 말한다.

미국에서 스마트폰을 처음 도입했을 당시 '크랙베리'(crackberry 코카인 일종인 크랙과 스마트폰 블랙베리의 합성어)라는 신조어가 등장하기도 했다. 스마트폰이 마약처럼 끊기 어렵고 강한 중독성을 띤다는 걸 의미한다.

그러나 스마트폰의 중독은 비단 성인들만의 이야기는 아니다. 스마트폰을 접하는 어린 청소년들의 중독 수준이 어른들의 3배라는 통계 결과와 스마트폰 사용이 과하지 않은 또래에 비해 반응의 정확성이 1/5 수준이라는 결과가 나왔다.

미래창조과학부에서는 스마트폰에 중독된 청소년들은 스마트폰을 하루 평균 23번 사용했으며 1회 사용 시, 19분씩 하루에 총 7시간 30분을 사용하는 것으로 확인됐다. 이 같은 사용 시간은 다른 연령대 사용자의 하루 평균 사용량이 4시간보다 2배 정도 많은 걸 알 수 있다.

폭발적인 스마트폰의 보급률 증가와 함께 청소년들이나 어린 학생들은 또래와 어울리는 소통의 수단으로 스마트폰을 이용한다. 또는, 공부에서 받는 스트레스를 스마트폰으로 해소한다. 그러나 마약처럼 끊기 어렵고 시간이 흐를 수록 강한 중독성을 띠는 스마트폰은 자라나는 청소년과 어린아이들이 성인에 비해 쉽게 중독에 빠질 수 있다. 나이가 어릴 수록 충동 억제와 통제력이 성인과 비교했을 때 상대적으로 약해서 그 만큼 쉽게 중독에 노출되는 것이다.

그렇다면 스마트폰에 중독된 뇌. 과연 이상이 없을까?

스마트폰의 잦은 사용은 인체의 전자파 흡수율을 높여 뇌종양 발병률이 30%나 높게 나타난다. 잠자리에서 스마트폰을 사용하는 습관은 스마트폰의 밝은 화면이 수면 호르몬 분비를 방해하여 수면 장애를 유발하고, 눈을 깜빡이는 횟수가 줄어들어 안구 건조증이 생기기도 한다.

스마트폰 게임에 중독된 뇌의 뇌파는 초기 치매 뇌파와 유사하다고 한다. 그러나 사용을 안 할 수는 없지만 적당히 이용해 스마트폰 사용하는 시간을 줄일 필요가 있다. 스마트폰은 우리 일상에 꼭 필요한 필수품이지만 잘못 사용하면 신체적, 정신적으로 크게 영향을 받게 된다.

그렇다면 우리는 스마트폰으로 도대체 무얼 하는 걸까?

특별한 이유 없이 스마트폰을 자주 확인하는 국내 사용자 비중

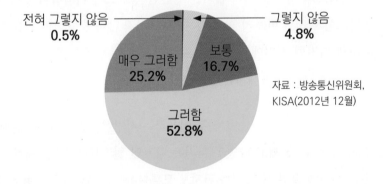

전혀 그렇지 않음
0.5%

그렇지 않음
4.8%

매우 그러함
25.2%

보통
16.7%

그러함
52.8%

자료 : 방송통신위원회,
KISA(2012년 12월)

2012년 스마트폰 이용 실태 보고서를 살펴보면 '특별한 이유 없이 스마트폰을 자주 확인하는지'에 대한 항목을 볼 수 있다. 전혀 그렇지 않음(0.5%), 그렇지 않음(4.8%)를 제외하면 그러함(52.8%)와 매우 그러함(25.2%)의 합계 비중은 77.4%에 이르고 있다.

'특별한 이유가 없어도 스마트폰을 자주 확인한다'는 말은 결국 별다른 이유 없이 습관적으로 휴대폰을 확인한다는 얘기다.

스마트폰이 주는 즉흥적 쾌감에만 길들여진다면 점차 뇌 감각의 균형을 상실하게 된다. 서서히 물이 끓어 자신이 죽는지도 모르는 개구리처럼 몸이 죽는 것도 아랑곳하지 않게 된다.

즉흥적인 쾌감을 얻을 수만 있다면 몸이 망가지든 말든 크게 개의치 않고 상관없다는 식의 반응 말이다. 이렇듯 보통 뇌의 주인이 사라졌을 때, 말도 안 되는 일을 뇌가 벌이게 된다. 사소하더라도 뇌를 자꾸 이용하여 뇌의 주인이 '나'라는 사실을 알게 하는 것이 중요하다. 계속해서 디지털 기기 없이는 간단한 정보조차 기억하지 못하는 스마트한 디지털 바보가 되고 싶은가? 그렇지 않다면 당신의 뇌를 지나치게 디지털 기기에 맡겨서는 안 된다. 더 이상 우리의 뇌를 스마트폰에 푹 담아 사용해서는 안 된다.

사실 스마트폰의 기능을 전부 이용하는 사람은 그다지 많지 않다. 주요 기능 몇 개 빼고 나면 나머지는 디자인 일지도 모른다. 새로 나온 디자인에 끌려 사게 되는 건지도 모른다는 소리다. 자주 사용하고 필요한 앱만 스마트폰에 설치해 보길 바란다. 스마트폰을 계속 사용하게 만드는 게임. 채팅 앱을 과감히 삭제하고, 한번에 모두 삭제하기 어렵다면 시간을 두고 한 개씩 지워보자. 처음 하루 이틀, 1, 2주일 정도는 힘들겠지만 나중엔 없어도 살만하다는 걸 느끼게 된다.

노력이 배신을 하지 않듯 당신의 뇌를 사용하면 할 수록, 뇌 역시도 당신에게 최고의 질 좋은 정보와 사고력을 선물한다. 더 나은 행동을 할 수 있도록 당신을 바꾼다.

디지털 보다는 아날로그 방식이 뇌를 사용하는 방법이다. 가까운 지인 번호는 외워라. 단축번호 대신 직접 눌러 전화를 걸어보자. 간단한 계산은 암산으로 뇌를 사용해라. 또 한, 매일 반복적으로 이루어지는 일들이 아닌, 일을 함으로써 뇌에 자극을 주는 것도 기억력 감퇴 현상을 예방하는데 도움을 준다. 퍼즐을 한다거나 독서, 외국어 공부를 통해 인지기능을 높이고, 하루에 있었던 일이나 감사 노트를 써서 손의 활동을 높이는 것도 방법이 된다.

최신형 스마트폰을 가졌다고 해서 남보다 더 뛰어난 뇌를 가진 게 아니다. 남보다 한 발 앞서 미래를 준비할 수 있는 것도 아니다. 최신형 스마트폰에 쓰지 않아도 될 돈과 시간을 낭비하기 보단 당신의 뇌가 조금 더 활동할 수 있는 기회를 줘야 한다.

손바닥 크기 정도 밖에 되지 않는 스마트폰. 그 안의 네모난 액정 속에 너무 많은 당신의 시간을 투자하지 말기 바란다. 더 이상 당신의 사고와 생각을 한 뼘 정도 밖에 되지 않는 스마트폰 액정 속에 가둬 두어선 안 된다. 하루 빨리 뇌의 무한한 가능성을 깨우고, 보다 넓은 세상을 꿈꿔야 한다.

지금 내가 가지고 있는 스마트폰의 기능을 업그레이드하고, 조금 더 예쁘고, 멋있게 꾸밀까를 고민하기 보다는 뇌의 기능을 높이고, 단련시키는 것이 당신에게 훨씬 더 큰 이익이다. 당신의 미래에 대한 확실한 투자는 뇌에 투자하는 것이다. 뇌에 시간을 투자하는 것이 남들보다 더 많은 시간을 확보하는 것임을 명심하자.

Memo

스마트폰 사용을 줄일 수 있는 TIP

01. **스마트폰을 손에 들고 다니지 않는다.**

손에 스마트폰이 있으면 아무래도 신경 쓰이기 마련이다. 귀찮더라도 스마트폰을 사용한 뒤, 가방 또는 핸드백에 넣어두면 점차 스마트폰과 거리를 둘 수 있게 된다.

02. **스마트폰을 사용 후 가급적이면 멀리 떨어진 곳에 놓는다.**

집에서도 거실이나 방에 스마트폰을 놓자. 스마트폰에 대한 집착에서 멀어지게 하는데 효과적이다.

대부분의 사람들이 "중요한 전화나 문자가 오지 않을까?" 해서 스마트폰을 늘 곁에 두고 있다. 어떤가? 시간을 다투는 중요한 전화가 오던가? 생각처럼 급하게 연락이 오는 건 별로 없다. 한 번, 두 번 급하게 찾는 전화나 문자가 오면 확인하는 그 순간 답장 주면 그만이다. 손바닥 크기만한 스마트폰에 얽매여 살 필요없다.

03. **산책을 즐긴다.**

담배나 술을 끊으면 금단현상이 있다. 스마트폰 역시 갑자기 그 사용 양을 줄이면 금단현상과 같은 증상이 있다. 간단하게 걷는 행동으로 스마트폰이 주는 금단증상을 줄일 수 있다.

04. 가족, 친구들과 전보다 더 많은 이야기를 한다.

스마트폰이 차지했던 시간들을 가족, 친구들과 더 많은 관심과 이야기를 해라. 시간이 지나면 이들이 얼마나 소중하지를 알게 된다.

05. 필요한 앱만 설치하고 게임관련 앱들은 가급적 지우거나 최소한으로 만들어 둔다.

생활에 필요한 앱만 설치한다. 업무에 필요하거나 아니면 일상 생활에 필요한 앱 만을 남겨두고 게임이나 TV 또는 계속해서 시간을 빼앗게 만드는 앱을 삭제한다.

삭제할 수 없다면 바탕화면에서 보이지 않게 감춰 버리자. 생활에 필요한 앱을 제외하고 알림 기능까지 전부 꺼두자.

Part 05

뇌 식스팩
만들기

당신의 생각과 결정을 지지해주고 당신의 꿈을 지지하는 가족들이 당신과 함께 지내고 있다면 분명 당신은 축복받은 삶을 살고 있다. 이 장을 대충 읽거나 건너 뛰어도 상관없다.

가족과 의논하지 말라니? 갑자기 무슨 뚱딴지 같은 소리인지, 뇌를 변화시키는 이야기를 하다가, 왜? 어떤 영문인지 의아해 할 수 있다. 사전을 찾아보면 '주로 부부를 중심으로 한, 친족 관계에 있는 사람들의 집단, 또는 그 구성원, 혼인, 혈연, 입양 등으로 이루어진다.'라고 나와 있다.

우리는 가족이 좋다가도 싫다. 어제는 그렇게 싫고 밉다가도 오늘 나를 위로해주고 사랑해주는 사람들이 가족이다. 사랑하지만 그 존재와 소중함을 금방 잊고 사는 사람들이 바로 가족이다. 마치 공기처럼 말이다. 꼭 필요하지만 우리는 금새 그 존재의 소중함을 잊고 살아간다.

그러나 뇌를 변화시키는 데 있어서는 가족은 큰 도움을 주지는 못한다. 오히려 나를 지지해주고 힘을 주는 주변 사람들이 더 큰 힘을 주고 나의 변화에 긍정적으로 바라 본다. 왜 그럴까? 세상에서 나를 가장 잘 알고, 나의 행복을 바라며 사는 사람들인 가족이 왜 더 잘해 보이려 변화하려는 나를 쉽게 지지해주지 않을까?

많은 사람들이 변환된 삶을 시도했을 때 긍정적인 가족들의 얼굴보다 부정적이거나 걱정스럽고, 불안한 가족들의 얼굴을 보게 된다. 변화는 언제나 불안하다. 그것이 긍정적인 자신의 변화라 할지라도 말이다. 그래서 변화를 시도하는 당신이 불안하게 삶을 살아가는 모습을 가족들은 바라지 않는다. 불안한 삶의 끝에는 예전보다 더 빛나는 삶이 있다고 얘기해도 가족들은 쉽게 동의 하지 않는다. 당신의 행복을 바란다는 명분 아래 당신의 변화의 시도를 쉽게 지지하지 않는다. 당신의 변화에 있어 강하게 반대하며 당신의 마음에 상처를 남길 수 있다.

'이렇게 해도 괜찮겠지. 내일이면 또 괜찮아 지겠지.', '가족이니깐 이해해 주겠지' 하는 생각과 이해를 바란다. 당신의 꿈과 비전은 가족들의 지지를 얻는데 먼 얘기일 수 있다. 당신이 계획한 꿈과 비전은 가족들에게 비현실적이고 너무나 먼 얘기다. 공감할 수 없는 얘기로 들릴 가능성이 크다. 그러므로 일일이 가족들에게 당신의 계획을 말하고 당신의 현재 상황을 하나 하나 구체적으로 말 할 필요는 없다. 동의를 얻고 싶고 의욕적인 말을 듣고 싶다면 차라리 당신을 지지해주는 사람들을 만나는 편이 훨씬 도움이 된다.

가족은 당신의 변화에 불안해하고 인정하고 싶어하지 않는다. 그 이유는 당신이 혹시 잘못되지 않을까? 싶어서다.

적게 행복하고, 적게 벌어도 그냥 지금 살만하니까, 당신보다 더 못한 사람들도 많다는 것에 위안을 느끼며 살라고 말 할 수도 있다. 그러나 그런 가족들의 말을 따른다면 평생 변화는 기대하기 어렵다. 사랑하는 가족을 잠시 끊는 것도 필요하다. 결단은 바로 이 시점에서 필요한 것이다.

필자 역시 20대의 나이에 Take Out Coffee 를 팔며 장사를 한 적 이 있었다. 지금도 커피는 많은 사람들이 좋아하는 음료지만 그때도 인기가 좋았다. 취업이나 하라는 부모님의 반대가 많았지만 취업은 안 하기로 하고, 몰래 일을 진행해 결국 장사를 하게 되었다. 지금은 그때의 경험이 나에겐 소중한 자산이다. 그때 당시 필자는 부모님을 설득시킬 말주변도, 계획도 가지고 있지 못했었다. 다만, '어렸을 때 실패는 괜찮다'라는 치기어린 생각과 패기가 있었기에 가능했었던 것 같다.

그렇다고 무모한 행동으로 가족들에게 불안감을 심어주거나 누가 봐도 잘못된 길임에도 불구하고 무리한 행동을 해서는 안 된다. 당신이 계획한 것을 충분히 시간을 가지고 생각해서 결론을 내린 것이어야 하며 꾸준히 지키며 행동하겠다는 것을 가족들에게 보여주어야 한다. 오롯이 당신의 꿈이어야 하며 당신이 좋아서 하는 행동이어야 한다.

그렇지 않고 남들의 시선에 이끌리거나 단순히 내린 결정으로 가족들에게 동의를 구하는 행동은 가족들의 신뢰를 더 잃는 행동이다. 그런 가족들은 당신을 더 물가에 내놓은 어린아이처럼 생각을 하고 불안해 할 수 있다. 절대 설익은 생각으로 사랑하는 가족들을 불안하고 걱정스럽게 해서는 안 된다. 그러니 계속해서 자신의 생각과 계획을 시간을 가지고 스스로 검증하길 바란다.

절대 사랑하는 가족들에게 당신의 설익은 생각으로 동의를 바라지 말아라. 그럴수록 가족들은 더 불안하고 걱정하며 당신을 초초하게 바라볼 것이다. 어설프게 이해시키려고 하지 말아라. 당신을 너무나 사랑하는 가족들에게 불안한 감정을 심어주지 말기를 바란다. 오히려 당신의 계획과 생각으로 인하여 가족들에게 상처를 줄 수 있고 당신 또한 상처를 받을 수 있다.

자신 안에서 충분한 시간을 가지고 내린 결정은 힘이 있고, 당신이 생각하는 것 이상으로 행동력과 소신이 생기며 쉽게 꺾이지 않는 강함이 생긴다. 충분히 곰삭은 당신의 생각과 계획은 가족들의 동의를 얻을 수 있다.

세상에서 가장 사랑하는 가족들의 동의를 얻을 수 있다는 말은 전장에서의 천군만마를 얻은 것과 같다. 아니 그 이상으로 힘을 얻을 수 있다. 진정한 성공에 있어서 가족의 힘은 절대적이다. 가족의 지지가 없는 가정 안에서 성공이란 결코 쉽지 않다.

Chapter

실행하는
뇌

:

선포하고 실행하라.
당신의 뇌는 천재가 된다.

Part 01

선포하라

마틴 루터 킹 목사는 1963년 워싱턴 D.C. 링컨 기념관 앞에 모인 25만 명의 청중에게 흑인과 백인이 하나되는 세상에 관한 자신의 꿈을 선포했다.

나에겐 꿈이 하나 있다. 언젠가 이 날을 떨쳐 일어나, 당당히 이 신념을 실현해 낼 거라는 꿈이다. 우리는 진실이 스스로 그 가치를 증명할 거라는 믿음을 가져야 한다. 그 진실이란, 모든 인간은 평등하다는 것이다. 누구나 다 유명해질 수는 없지만, 누구나 다 위대해질 수는 있다. 역사는 이렇게 기록할 것이다. 이 사회적 전환기의 최대 비극은 악한 사람들의 거친 아우성이 아니라 선한 사람들의 소름 끼치는 침묵이었다고.

목숨을 걸 만한 것을 찾지 못한 사람은 온전한 삶을 살지 못한다. 악에 대하여 대항하지 않고 항의하지 않고, 악을 받아들이는 사람은, 실제로 악에 대해 협력하고 있는 것이다.

날지 못한다면 뛰어라.

뛰지 못한다면 걸어라.

걷지 못한다면 기어라.

무엇을 하든 가장 중요한 것은 앞으로 나아가야 한다는 것이다.

당신은 이제 거인을 깨우기만 하면 된다. 당당히 외쳐라. 선포해라. 부끄러울 수 있다. 돌아오는 반응이 비아냥일 수 있다. 어쩌면 당신은 웃음거리가 될 수도 있다. 그러나 뭐든지 처음이 가장 어려운 법이다. 그러니 시작해라.

한발 걸으면 나머지 발은 자동으로 따라 온다. 사람들에게 당당히 말해라. 작은 구멍으로 댐이 무너진다. 사람들은 자신 있게 말하는 당신의 모습에 놀라고 계획과 꿈을 가진 모습에 또 한번 놀란다. 모든 성공이 그렇듯 행동하지 않는 계획과 생각은 무의미 하다. 다시 한번 말하지만 부끄럽고 민망할 수 있다. 그래도 시작해라. 말하는 순간 그 말에는 의무와, 책임을 동반한다. 그래서 선포하는 말에는 강력한 힘이 있다.

당신의 선포가 가까운 사람에게 훨씬 더 부끄럽게 다가올 수 있다. 특히 친분이 두텁거나, 가까운 사람들에게는 더 큰 부끄러움이 생길 수 있다. 그러나 용기 내어 선포하는 사람일 수록, 당신의 해내고 말겠다는 의지와 결단은 높아진다. 자신의 의지를 입 밖으로 소리 낼 때 의지와 결단은 높아진다. 다시 말해 강한 실행력을 갖게 된다는 말이다.

필자가 20대 때 장사를 할 때도, 책을 매년 100권 읽겠다고 할 때도, 책을 쓰겠다고 할 때도 주위 사람들에게 당당히 선포했다. 부담스럽고, 멀게 느껴지는 사람들에게는 조금 더 용기 내 당당히 선포했다.

외국어 공부 할 때도 보통 단어를 외우고 문장을 외운다. 암기를 할 때 노트에 적는 동시에, 소리 내어 암기 내용을 읽곤 하는데, 이때 입 밖으로 내는 소리를 듣고, 뇌는 시각과 청각 정보를 동시에 저장한다. 정도의 차이는 있지만, 소리내지 않고 눈으로만 하는 공부는 능률이 떨어진다. 뇌에 저장하는데 시간이 더 걸린다는 말이다. 기억하려는 정보를 입으로 소리 낼 때 한번 더 뇌에 저장하는 효과가 있는 것이다.

당신의 꿈을 이루기 위해서 뇌에게 상큼한 충격을 주는 것이 바로 선포다. 하루 하루를 그렇게 살 때 당신의 뇌는 천재의 뇌로 변한다.

앞에서 우리는 뇌가 현실과 가상을 따로 구분하지 않는다는걸 배웠다. 이미 꿈을 이룬 것처럼 생각하고 행동해라. 어느 순간 꿈을 이룬 자신을 발견하는 것처럼 매일 선포하고 외쳐라. 그 소리가 당신 뇌를 깨우고 당신 안에 잠든 거인을 깨운다.

혼자만의 생각이라면 행동하지 않을 확률이 높다. 곧 그 생각은 사라질 수 있다는 얘기다. 밖으로 끄집어내 빛을 보게 해야 만 한다. 웃음 거리가 될 거라는 부정적인 생각은 버려라. 당장에라도 눈물이 날 것 같은 자신의 속 얘기를 했을 때 매몰차게 눈 닫고, 귀 닫는 사람은 드물다.

행동하는 순간, 당신을 지지하고 도와주려는 사람이 주변에 있다는 것을 알게 될 것이다. 행동하지 않는 꿈은 세공 하지 않은 보석과 같다.

그 가치가 높고 아름다운 보석 일지라도 깎고 다듬는 과정이 반드시 필요하다. 이 과정을 거치지 않는 보석들은 보석이라 할 수 없고 그 가치를 인정하지 않는다. 꿈과 비전을 가지고 있는 당신의 뇌도 마찬 가지다. 자신의 계획과 비전을 나눌 때 사람들은 무시하거나 비아냥거릴 수 있다. 그러나 과정의 일부분 이다.

실패하지 않는 가장 최고의 방법은 도전하지 않는 것이라고 했다. 말하는 순간 창피함이 있을 수 있지만 당신은 돈을 주고도 사지 못할 결단과 행동이 생겨난다. 당신 안에서 잠자던 계획이 기적처럼 사실이 된다. 그러니 선포하라. 당신의 꽃피고 봄이 오는 내일을 위해 반드시 필요한 과정이다. 부끄러워 말고 선포하고 행동에 옮겨라.

뇌의 변화를 외부로 알리는 가장 최고의 방법은 행동이다. 행동했을 때 일어나는 모든 정보를 뇌는 수집한다. 수집한 데이터는 예전의 데이터와 결합하여 더 나은 결과를 낼 수 있도록 방법을 만들기 시작한다.

선포하고 실행하라. 당신의 뇌는 천재가 된다.

Part 02

무조건
실행하라

진공 청소기를 시장에 내놓기까지 5년 동안 5127개의 모형을 만들고, 수없이 욕하고 벽에 머리를 찧으며 행복감과 실망감 사이를 롤러코스터 타듯 왕복했다. 최종 제품 이전을 모두 오류라고 본다면 5126개의 모형을 실수로 볼 수도 있다.

제품은 반복적인 방식으로 개발하는 것이다. 반복하다가 한 번에 조금씩 바뀌 나간다. 실수나 실패는 발견에 한 발짝씩 다가가는 과정이므로 성공만큼 값지다.

"계속해서 실패해라, 그것이 성공에 이르는 길"이라고 말하는 이유다.

– 〈계속해서 실패하라 그것이 성공에 이르는 길이다〉 제임스 다이슨

"실행이 말보다 낫다."

– 벤자민 프랭클린 Benjamin Franklin

성공의 열쇠는 실행에 있다. 실행 없는 성공은 없다.

성공한 모든 이들에게는 공통점이 있다. 그것은 생각하고 계획을 세웠다는 것이다. 그리고 행동으로 옮겼다는 점 이다. '용기는 나중에 찾아도 된다'는 말이 있듯, 무언가를 성취하는 최상의 길은 일단 실행에 옮기는 것이다. 실제로 당신이 행동하지 않으면 아무런 변화가 없다.

당신의 뇌는 변화 준비를 끝냈다. 행동함으로 뇌를 변화 시킬 수 있다. 힘들고 귀찮다고 해서 병아리가 껍질을 깨지 않는다면 프라이로 인생을 마감한다. 행동하면 온 우주가 당신을 돕는다.

현실에 안주하고 변화를 두려워한다면 더 이상의 진보는 기대할 수 없다. 당신은 안다. 꿈꿔왔던 미래와 행복을 만나기 위해선 변화라는 낯선 도전을 해야 한다는 걸.

두려울 수 있다. 그러나 할 수 있다. 변화는 그다지 어려운 것이 아니다. 변화의 시작이 뇌의 변화라면 변화의 꽃은 행동에 있다.

필자 역시 실행하지 않고 계획과 선포만 했다면, 지금처럼 당신과 글로서 만나는 일은 어려웠을 것이다. 만나 더라도 좀 더 오랜 시간 뒤에나, 우리가 만날 수 있었을 것이다. 누구나 실천하지 않는다면 그것은 변화라고 말할 수 없다.

작고 간단한 것부터 시작하면 된다. 아침 5분 늦잠은 쉽게 뿌리칠 수 없다. 그러나 일어나야 한다면 용수철이 튀어 오르듯 바로 행동하면 그만이다. 일어날까 말까 또 다른 자신과의 실랑이를 벌이며 타협을 한다면 어느새 처음 의도했던 시간과 멀어진다.

시간이 지날수록 늦어지고 마음먹은 결단은 느슨해 진다. '아침 5분 빨리 일어나는 것으로 실행력이 생길까?'라고 과소평가 하지 마라. 5분 일찍 유혹에서 이기겠다는 뇌의 생각은 주인의식을 갖는 다는 말이다. 뇌의 주인은 '나'고, 인생의 주인공이 '나'라는 주인의식 말이다.

또 한, 5분 일찍 일어나는 습관을 갖는다면 예전과는 사뭇 다른 아침 여유를 즐길 수 있을 것이고 5분에서 또다시 5분 일찍 일어나는 것은 힘 안들이고 할 수 있게 된다. 5분의 유혹을 이긴다면 50분도 어렵지 않다.

기적은 멀리 있는 것이 아니다. 당신이 책을 읽는 것이 기적이다. 책을 읽고 실행하는 것이 기적이다.

우보천리(牛步千里) 라고 했다. 소 걸음으로 천리를 간다는 말이다. 급하게 생각하지 말고 천천히 하다 보면 어느새 자신이 생각했던 것보다 멀리 와 있는 것을 보게 된다.

당신의 뇌에 계획한 것들은 무조건 행동한다는 것을 인식시켜라. 실행 없는 꿈과 계획을 갖고 있는 뇌는 실패한다. 최고의 정보를 수집하고 처리하는 사령탑인 뇌가 내린 명령을 행동으로 옮기지 못한다면 실패한다.

결국 그 계획은 시한부 인생을 살고 있는 생명과 다를 바 없다. 또한 마음만 먹고 행동하지 않아 포기해버린다면 당신에겐 상당한 감정 소모가 따른다.

아마존 닷컴의 창업자이자 최고경영자인 제프 베조스는 회사내 재미있는 상을 만들었다. 그 상의 이름은 바로 나이키의 대표적인 슬로건으로 유명한 '일단 해보세요(Just do it)'이다. 뛰어난 실행력으로 좋은 결과를 만들어낸 직원에게 주는 상이다. 더 재미있는 사실은 직원이 이렇다 할 성과를 내지 못했더라도, 도전하고 실천한 직원에게는 이 상을 수여한다고 한다.

작은 것이라도 다짐하면 바로 실행하는 것이다. 아무리 사소한 계획이고 빈약한 계획일 지라도, 당신만의 계획이다. 행동하면 전부 당신 것으로 남는다. 남들을 의식하는 건 스트레스만 쌓일 뿐이다.

꿈꿔왔던 미래! 찾고 싶던 당신의 비전! 더 이상 생각만 하는 사람으로 남기지 말아라. 너무 거창하게 시작하려고 하지 말고 완벽하게 시작하려고 하지 마라.

"한 단계씩 계단을 오르는 자신을 상상하라!"

이것을 반복하면 확고한 신념이 생길 것이고, 신념이 강해지면 더 많은 행동으로 이어지고 결국 성공이라는 결과물을 만들어 낸다.

변화에 있어서는 당신은 아직 아마추어다. 그러나 프로라 할지라도 변화가 두렵긴 마찬가지다. 천천히 조금씩 변화를 주어라. 크든 작든 변화라는 의미에선 똑같다.

세상을 변화시키고 없던 것을 새롭게 창조해내는 것만이 기적이 아니다. TV와 스마트폰을 멀리하고, 남는 시간을 책을 읽고, 매일 5분 일찍 아침을 시작하는 것이 기적이다. 왜냐고? 당신은 애초에 이렇게 할 사람이 아니었기 때문이다.

어떤 두려움으로, 어떤 생각으로 인해 시작하기도 전에 포기를 하는 경우가 많다. 실행하지 않으면 변화도 없다. 고 현대그룹 정주영 회장이 말했다.

"해보기나 했어!"

Part 03

평생 공부하라

"어떤 분야에서든 유능해지고 성공하기 위해선 세 가지가 필요하다. 타고난 천성과 공부 그리고 부단한 노력이 그것이다."

– 헨리 워드 비처 Henry Ward Beecher

사람은 언제까지 공부해야 한다고 생각하는가? 고등학교까지? 대학교 졸업까지? 결론부터 말하면 사람은 평생 공부해야 한다. '중학교 때는 좋은 고등학교 가려고 공부했고 고등학교 때는 좋은 대학교 가려고 공부했다. 대학교 때는 좋은 직장 가려고 공부했는데 왜 또 공부하라고 하느냐'고 울분에 섞인 의문을 가질지도 모르겠다. 그 마음 충분히 이해한다. 우리나라에 살고 있는 사람이라면 더욱 공감할 수 밖에 없는 말이다.

공부를 해야 뇌가 늙지 않는다. 60대에도 30대의 뇌를 사용할 수 있게 하는 것이 공부다.

나이가 들어도 그 기능이 젊었을 때와 크게 다르지 않는 신체기관은 뇌 밖에 없다. 뇌세포는 나이를 먹더라도 분열되기 때문이다. 꾸준하고 적당한 운동 그리고 두뇌 사용을 한다면 뇌세포는 계속 늘어날 수 있다.

뇌를 사용하지 않는다면 뇌세포는 늘어나지 않는다. 오히려 뇌 전체의 효율성의 극대화를 위해서 그 수는 감소하게 된다. 다시 말하지만 뇌는 사용할수록 그 기능이 발달한다.

시대가 정말 빠르게 변해가고 있다. 앞으로 5년 후를 생각하면 당신의 분야에서 공부를 계속 해야 한다. 성장하는 기업은 매년 매출의 60% 이상을 기술 개발에 재 투자한다. 바로 현실이 아닌 미래를 보고 있기 때문이다. 기업이 현재 기술개발에 투자하지 않아도 당장에는 문제없고, 매출이 발생하고, 먹고 살 수 있다고 안일하게 생각했다가는 후발업체나, 타 기업에 뒤쳐져 결국은 살아남기 힘들게 된다. 급변하는 세상 속에서 자기 투자를 하지 않으면 5년 또는 10년 후에 그 결과가 돌아온다.

개미 '2:6:2의 법칙'이라는 것이 있다. 이 법칙은 개미가 모두 다 열심히 일하는 것 같이 보이지만 자세히 보면 그렇지 않다. 개미의 20%는 매우 열심히 일하고, 60%는 보통 수준으로 일하고 나머지 20%는 게으름을 피우며 놀고있는 개미들이라고 한다. 재미있는 점은, 매우 열심히 일하는 20%의 개미들도 그 중 20%는 일에 미쳐 사는 것처럼 매우 열심히 일하고, 60%는 열심히 일하고, 20%는 적당한 수준으로 열심히 일을 한다고 한다. 여기에서 2.6.2 법칙이 나왔다.

그런데 개미의 2:6:2 법칙이 사회를 구성하는 인간 조직 속에도 통용된다.

· 지금보다 더 나은 자신의 발전을 위해 투자하고 노력하는 사람의 2.

· 자신을 성장시키고 발전 시킬 마음은 있지만 실제로 행동으로 옮기 않아 아무런 발전이 없는 사람의 6.

· 자신을 성장시키고 발전시킬 마음이 전혀 없는 사람의 2.

앞의 6과 뒤의 2을 합한 8이 전체의 80퍼센트를 이루고 있다.

2:6:2 법칙과 비슷한 법칙이 바로 파레토의 법칙이다. '이탈리아 인구의 20%가 이탈리아 전체 부의 80%를 가지고 있다'고 주장한 이탈리아의 경제학자 빌프레도 파레토의 이름에서 따 온 '80 대 20 법칙'이 바로 그것이다. 파레토 법칙 또는 80 대 20 법칙은 '전체 결과의 80%가 전체 원인의 20%에서 일어나는 현상'을 가리킨다. 거꾸로 2 대 8 법칙이라고도 불린다.

예를 들면 '업무 성과의 80%는 전체 소비 시간 중 20%의 시간에 생산한다'등 경제 전반의 수치는 전체 구성원 중 소수가 생산한다는 이론이다. 또 다른 예로는 대부분 즐겨 입는 옷의 80%는 옷장에 걸린 옷의 20%에 불과하다. 혹은 우수한 20%의 인재가 80%의 문제를 해결한다.

날마다 발전을 위해 꾸준히 자기 투자를 해야 한다. 급속히 변화하는 시대 속에서 자신을 끊임없이 발전시켜 나가야 한다. 이것은 스스로의 성장인 것이다.

전 세계 200여 개국의 3억의 회원이 가입한 세계 최대 비즈니스 네트워크 사이트의 회장인 리드 호프만은 "내일을 준비하지 않는 기업은 이미 죽어가고 있는 거다."라고 말했다.

지금 괜찮다고 생각 없이 당신의 기술개발인 공부에 시간 투자 하지 않는다면 그만큼 소리 없이 뒤쳐지게 된다. 당신에게 기술개발에 있어 독서만큼 훌륭한 기술개발도 없다. 필자가 또 다시 책의 중요함을 말하는 이유는 돈 없고, 빽 없고, 삶의 나침반과 같은 스승이 없다면 책만한 것이 없기 때문이다.

책은 뇌를 깨우는 동시에 수많은 저자들의 인생이 고스란히 담겨 있다. 투자 비용을 따져 봐도 이만한 남는 장사가 없다. 하나의 인생만을 사는 것이 아니라 당신이 읽은 책의 양 만큼 또 다른 인생을 살아 보는 것이다. 그래서 책을 읽는 것이 중요하고 그 가치가 세월이 흘러도 자기 투자 방법의 최고로 자리잡고 있는 것이다.

뇌 연구의 권위자 이반 다이아 몬드 박사는 "공부와 같은 적절한 훈련과 자극을 주고 다양한 경험으로 뇌의 정신적 발달이 가능하다"고 했다. 공부란 뇌가 가지고 있는 자료에 새롭고 다양한 정보를 가지고, 서로 연결하는 것이며 좀 더 탄탄한 정보의 연결 고리를 만드는 행위다. 또 한, 지적 호기심을 충족시키는 우아하고, 고상한 활동이며 몰랐던 것들을 알아가는 과정이다. 지적 호기심을 충족시키는 과정이다. 즉, 공부를 통해서 일종의 신경물질이 뇌에서 나와 쾌감을 느낄 수 있게 된다. 그래서 공부는 평생을 두고 해야 하는 것이다.

> *"교육은 인생을 위한 준비가 아니다. 교육은 인생 그 자체다."*
>
> *– 존 듀이 John Dewey*

공부를 어렵지 않게 할 수 있는 *Tip*

01. 쉬면서 공부해라.

휴식 없는 공부는 시간의 낭비에 불과하다. 다시 말해 뇌를 혹사시키는 행위다. 우리 뇌의 행동 패턴은 의외로 단순하다. 힘들다고 느껴지면 쉬고 싶고, 놀고 싶어 한다. 즉, 고통을 피하고 쾌락을 추구한다. 무언가를 할 때, 시간이 흐를수록 우리의 집중력은 떨어진다. 집중력이 떨어지는 시간에 억지로 계속 의자에 앉아서 공부한다고 해서 그 내용이 고스란히 뇌에 보관되지 않는다.

가벼운 체조나 산책으로 공부로 떨어졌던 집중력을 회복해라. 공부는 뇌에 고통을 주는 행위가 아니다. 그렇기 때문에 공부를 할 때 매 시간, 분 마다 일어나서 가벼운 체조나 걷기를 하여 휴식을 가져야 한다. 공부는 뇌에 고통을 주는 행위가 아님을 계속해서 인식시켜야 한다. 더불어 뇌를 더 건강하게 유지시키는 것이며 자기를 발전시킬 수 있는 방법이다.

02. 당신이 하고 싶은 공부를 해라.

주위 사람들에게 끌려 다니며 공부하지 마라. 자신이 하고 싶은 공부를 해야 한다. 그래야 자신이 세운 목표까지 도달할 수 있게 된다. 하고 싶은 공부만 해도 우리에겐 시간이 모자란다.

03. **아침 시간을 이용한다.**

아침시간을 이용하는 건 꼭, 공부가 아니더라도 굉장히 바람직한 생활 습관이다. 아침시간은 누구에게도 방해 받지 않는 가장 좋은 시간이며, 공부의 효율을 높이는 가장 좋은 시간이다.

04. **매일 30분씩은 공부해라.**

한번에 몰아서 해도 괜찮고, 10분씩 나눠서 공부해도 괜찮다. 하지만 공부하는 그 순간은 오롯이 공부에만 정신을 집중해라.

Part 04

슬럼프
그것은 아무것도 아니다

어떤 사람이 큰 사업을 하다가 부도가 났다. 하루는 그 사람이 선배를 만난 하소연을 했다.

"선배님, 모든 것을 다 잃었습니다. 저는 이제 더 이상 희망이 없습니다."

그러자 선배가 물었다.

"그래? 뭘 잃었는데? 부인이 죽었니? 아이들이 다 죽었니? 팔 하나를 잃었니?"

"아니요"

"그럼 뭘 잃었는데?"

그 사람은 아무 말도 하지 못했다. 얼마 후 그는 이번에는 중국집 배달원으로 취업을 했다.

"선배님. 저는 이제 인생의 밑바닥까지 내려왔습니다."

"지금 네가 처한 밑바탕을 다시 탄탄하게 만든다고 생각해라. 그러면 달라진다."

그는 자장면 배달을 하면서 고객을 기쁘게 해주자는 생각을 했다. 고객의 집에 들어서면 그 집 신발을 정리하고, 유머도 수시로 생각해 고객들을 즐겁게 해주었다. 그에 대해 좋은 이야기들이 오갔고 마침내 그는 큰 중국집을 차려 재기에 성공할 수 있었다.

지금 내게 주어진 상황이 어떻게 극복하고 일어서냐에 따라 내일이 달라진다. 앞으로의 상황이 달라지고 미래가 달라지게 된다.

– 〈스토리를 팔아라〉 김창국

슬럼프란 말은 운동선수뿐 만이 아니라 일반인에게도 자주 사용되고 있는 말이다. 사전을 찾아보면 운동 경기 따위에서, 자기 실력을 제대로 발휘하지 못하고 저조한 상태가 길게 계속되는 일, 부진, 침체의 상태, 상황 등을 말 한다.

슬럼프는 왜 오는 것일까?

슬럼프는 그 경우의 수가 너무나 다양하지만, 스트레스로 오는 슬럼프가 가장 대표적이다. 슬럼프를 겪을 때 느끼는 스트레스는 성공을 향한 생각과, 실패, 불확실한 미래, 관계 등이 있다.

당신이 무언가를 계획하고 시작하는 데서 오는 중간 과정이 바로 슬럼프다. 피할 수만 있다면 피하고 싶지만 슬럼프가 우리 생활에 악영향만을 끼치는 건 아니다.

슬럼프에 빠지면 우울하고, 실패한 기분과 불안한 감정을 느끼지만, 실제로는 전진하고 있고 한 계단씩 올라고 가고 있는 중인 것이다. 슬럼프에 빠졌을 당시에는 모든 것이 권태롭고 의미 없는 걸로 비춰질 수 있다. 시간만 헛되이 흘려 보내고 있다고 생각할 수 있다. 그러나 꿈을 향해 도전하는 일이나, 열정을 가지고 지금하고 있는 일에서 오는 중간 과정이다. 하나의 신고식 같은 것이며 당신이 그 일을 끝마칠 수 있는지, 하나의 검증 단계가 바로 슬럼프다.

안 하던 운동을 갑자기 시작하면 다음날 운동한 부위가 당기고 아프다. 운동한 근육들이 찢어지고 자극을 받은 탓이다. 운동을 시작해서 오는 당연한 아픔이다. 하지만 아프다고 바로 멈춰 버린다면, 더이상 운동으로 오는 효과는 기대할 수 없다. 당신이 세운 계획에서 오는 슬럼프도 마찬가지다. 새로운걸 계획하고 시도하는 중간에 오는 슬럼프는 남들보다 뒤쳐져서 오는 슬럼프가 아니다. 그 순간에 당신이 하는 모든 행동들이 무의미 한 것으로 생각해선 안 된다. 오히려 당신을 성숙 시키고 업그레이드하는 과정이다. 그 과정에서 오는 슬럼프는 시간 지남에 오는 당연한 순서 인 것이다.

목표를 이루려는 욕심은 누구나 있다. 그 욕심이 과하면 우리의 몸은 힘들게 된다. 쉬어야 할 때 쉬지 않는 것이 슬럼프 기간이 길어지게 하는 요인이다. 쉴 땐 아무 걱정 없이 푹 쉬어야 한다.

필자는 푹 쉬어야겠다고 생각이 들 때면 모든 휴대폰 알림음을 무음으로 해놓는다. 쉽게 말해 잠시 잠수를 타버린다. 그리고 어디든 나간다. 그곳이 집 앞 공원이든 차를 타는 곳이든 비행기를 타야 하는 곳이든 말이다.

일상의 반복으로 슬럼프가 왔다고 생각한다면 산책, 조깅 등 가벼운 운동으로도 도움을 받을 수 있다. 인스턴트 음식이나 패스트푸드와 같은 음식을 먹고 있다면 중단하고, 균형 잡힌 식사를 하기 바란다. 예전 보다 몸에 활력을 느낄 수 있을 것이다. 더불어 목표를 향한 계획을 좀 더 구체적이고 세부적으로 세워서 슬럼프에 빠져있는 시간을 줄여보길 바란다. 자신이 세웠던 계획을 다시 보는 것 만으로도 처음 계획을 세웠던 당시의 흥분과 열정을 느낄 수 있다.

잠시 멈추고 있다면 그 시간은 충전의 시간이며 도약을 위한 준비하는 시간이다. 그저 뇌가 잠깐 피로함을 느끼는 것뿐이다. 뇌는 이 시간을 이용해 그 동안 수집한 경험과 사고를 통합해 정보처리 작업을 진행한다. 이러한 정보처리 작업으로 인해 그 동안에 없던 뇌의 근력과 뇌세포간의 탄탄해진 연결 고리가 형성된다. 이것은 다시 말해 예전보다 한 단계 발전된 삶을 당신에게 안내할 수 있는 시스템이 만들어지고 있다는 말이다. 잊지 말아라. 슬럼프에 빠졌을 때가 바로 당신을 다시 타오르게 할 시간이다.

슬럼프를 쉽게 이겨내는 TIP

심한 독감이 걸렸을 땐 당신은 어떻게 하는가?

잘 쉬고, 잘 먹고, 잘 자야 한다. 슬럼프도 마찬가지다. 슬럼프가 왔다면 감기처럼 대하라. 슬럼프가 왔다고 판단 된다면 일단 현재 하고 있는 일의 속도를 늦춰라.

굳이 욕심부려 슬럼프에 자신을 담글 필요는 없다. 속도를 늦추고 쉬어라. 여행을 떠나라. 공원 한 바퀴를 돌아도 그 순간은 당신에게 여행이다.

불필요한 핸드폰은 꺼 버리거나 '무슨 일이 생기면 어쩌지?' 하는 불안감은 접어둬라. 아예 휴대폰을 갖고 있지 않는 것도 좋은 방법이다. 막상 휴대폰이 없어도 무슨 일은 생기지 않는다.

평소보다 좋은 음식으로 잘 먹어 줘야 한다. 매 끼니를 잘 챙겨먹고 숙면을 취해야 한다. 또 한, 평소보다 자는데 시간과 노력을 기울여야 한다.

무섭고도 지독한 감기 손님이 왔으니, 편하게 쉬시다가 가시라는 마음으로 푹 쉬길 바란다. 어느새 슬럼프는 떠나고 없고, 그 빈자리를 열정이 차지하고 있을 것이다.

Part 05

녹이 철을
잡아 먹는다

토끼와 거북이가 경주를 했고 거북이가 그 경주에서 이긴 이유는 아주 간단하다. 토끼의 목표는 거북이를 이기는 것이었고, 거북이의 목표는 산꼭대기였다. 토끼는 거북이만 앞서면 목표를 달성하므로 쿨쿨 잠을 잘 수 있었던 것이다. 그러나 거북이는 목표가 산꼭대기였기 때문에 토끼보다 앞서든지 뒤지든지 상관없이 묵묵히 끝까지 도전할 수 있었던 것이다.

세상에서 가장 무섭고 어려운 상대는 결국 자기 자신을 이기는 사람이 가장 강하고 무서운 사람이다. 거북이가 목표를 달성하고 자기 자신을 이기는 것처럼 목표를 향해서 한 걸음 한 걸음 나아가자.

- 〈스토리를 팔아라〉 김창국

"나 자신에 대한 자신감을 잃으면 온 세상이 나의 적이 된다."

- 랄프 왈도 에미슨 Ralph Waldo Emerson

주변을 둘러보면 자신의 하고 싶은 말을 쉽게 하지 못하는 사람들

이 있다. 소심한 성격 탓에 '내가 이 말을 했을 때 상대방이 싫어하면 어쩌지? 상처받지는 않을까?'하며 하지 않아도 될 걱정을 끌어안고 사는 사람들이 있다. 남의 비평이나 평가에 조금 더 뻔뻔해질 필요가 있다. 좀 더 이기적으로 생각하고 자기 주도적으로 생각해라. 눈 밖에 나며 손가락질 받지 않을 정도라면 괜찮다. 자신의 자신감을 높이기 위해 뻔뻔해진다면 나쁘게만 볼 것이 아니다.

자신은 배려라고 생각하지만 타인의 시선을 살피고 반응하기 시작하면 하루가 피곤하다. 그러다 보면 주변의 반응에 쉽게 민감해지고 다른 사람들의 말에 흔들리기 시작한다. 사람들의 평가로 인해 마음에 깊은 상처가 남을 수 있다.

만약 당신이 하고 싶은 말을 했을 때 관계가 어색해질 까봐 말 못하고, 자신 없는 모습으로 비춰진다면 상대방은 당신을 자신 없는 사람 또는 당신의 말은 무시하거나 가볍게 생각해도 괜찮다고 생각해 버릴 수 있다. 하려는 말이 정당한 주장이고, 시기 적절하다면 당당하고 자신감 있게 말해야 한다.

우리에게 자신감이란 반드시 필요한 필수 영양분과 같이 하루를 살아가는 데 꼭 필요하다. 자신감이 있고, 없는 것은 정말 종이 한 장에 불과 하다.

자신을 있는 그대로 인정해라. 없으면 없는 대로, 부족하면 부족한 대로 자신을 인정해야 한다. 잘못했다면 순순히 인정하고 받아들여

라. 그것이 용기 있는 모습이고 인간적이다. 오히려 순순히 인정하는 용기 있는 행동들이 당신의 자존감을 지키는 방법이다. 그러나 자존심을 지키기 위해 인정하지 않는 모습은 아름답지 못하다. 우리 모두는 완벽하지 못하다. 이 사실을 항상 기억하고 살아가야 한다. 각자가 생각하는 완벽의 기준에 맞춰 매일매일 조금씩 고치고 바꿔가며 노력할 뿐이다.

그렇게 자신에게 솔직해 진다면 편안한 마음을 가질 수 있다. 불필요한 자기 합리화는 오히려 사람들에게 불신을 심어주게 되고 고집만 강해지게 된다. 상황을 더 악화시켜 호미로 막을 일을 가래로 막게 된다.

다른 사람들과 상관없이 자신을 있는 그대로 드러낼 수 있다면 용기 있는 사람이다. 마음 속에 너무 잘하려고 하는 마음도 행동을 부자연스럽게 만든다. 부담감을 줄여 '실수해도 괜찮아!', '누구나 실수하고 그럴 수 있다'고 평안하게 마음을 먹는 게 중요하다.

우리는 앞에서 자신감이 부족한 사람은 뇌의 크기도 작다는 걸 알았다. 자신감이 높은 사람들이 그렇지 않은 이들에 비해 기억력과 학습능력 테스트에 좋은 평가를 받았다는 걸 알았다. 자신감이 떨어지는 사람들은 단순히 지적 능력에만 영향을 받는 게 아니다.

뇌의 크기가 큰지, 작은지 직접 눈으로 확인할 수 없지만 살아가면서 뇌의 기능을 충분히 사용하지는 못할지언정, 굳이 뇌를 작게 만들어 사용할 필요는 없지 않겠는가.

하고자 하는 얘기가 있고, 그 방법이 부정하지 않다면, 당당하게 자신의 주장을 내세우고 어필해야 한다. 자신의 당당한 주장은 건방지거나 버릇없는 행동이 아니다. 당당한 행동은 무력감이나, 타인의 조종에 대한 하나의 탈출 방법이 될 수 있다.

이러한 당당한 행동은 자존 감을 높이는 방법인 동시에 자신의 행동이 타인을 무시하는 행위가 아님을 알아야 한다.

그것은 상대방에게 피해를 주는 것도 관계를 멀어지게 하는 것도 아니다. 오히려 자신 있는 모습이 전문가다움을 느끼게 만들고, 소신 있는 모습에 인간적인 매력까지 느끼게 한다.

재일교포 3세로 일본 최고 부자이자 IT기업의 소프트뱅크 설립자인 손정의 회장 이야기다. 손정의는 어린 시절 한국인이라는 이유로 차별을 받았지만 꿋꿋이 이겨냈다. 그는 일본에서 성공을 위해 고등학교를 중퇴하고 미국으로 유학 길에 오르게 된다. 영어를 제대로 구사하지 못하는 그는 대학 시험을 치르는 과정에서 감독관에게 이렇게 말했다.

"저는 영어에 핸디캡이 있습니다. 이대로는 불공평하니 사전 사용과 시험시간 연장을 허락해 주세요."

합격에 대한 열정에 감독관은 그에게 사전 사용을 허락하고 시험

시간을 연장해 주었다.

그 결과 그는 홀리네임즈 대학에 입학할 수 있었고 자신의 꿈을 이루기 위해 당당하게 자기주장을 말한 고등학생은 현재 일본 최고의 부자가 되었다. 〈WHO 손정의〉 자신감이야 말로 성장과 성공의 밑거름이라 할 수 있다.

영업사원이 거울을 보며 '할 수 있다' 수십 번 외치고 출근하는 모습을 생각해 보자. 웃을 일이 없지만 억지로 웃음을 짓는 모습을 생각해 보자. 이 둘의 상황은 같은 상황이다. 앞에서 우리의 뇌는 현실과 이상을 정확하게 구분 짓지 못한다는 걸 배웠다.

'할 수 있다'를 계속 외치면 영업에 소질이 없던 사람일지라도 점차 할 수 있는 사람, 프로에 가깝게 변화되어 살아간다. 뇌는 원래 프로였던 것처럼, 그렇게 영업을 잘하는 사람으로 착각해서 사고하고 행동하게 만든다. 웃는 것도 마찬가지다. 억지로 웃는 웃음이지만 계속 웃다 보면 뇌는 당신이 기뻐서 웃는 것인지 그냥 웃는 것인지 모른다. 나중에는 뇌가 착각을 일으켜 실제로 웃을 때 나오는 호르몬의 분비를 촉진 시킨다.

뇌는 당신의 생각에 절대적으로 영향을 받는다. 현재 당신이 소심하고 자기 주장을 당당히 밝히지 못한다고 할지라도 '이 상황을 나는 꼭 이겨 낸다. 할 수 있다'고 다짐 한다면 뇌는 당신이 할 수 있게 그 상황을 만들어 간다.

기업에서는 매년 직원들의 자신감과 일에 대한 열정을 위하여 엄청난 돈을 직원들에게 투자하고 있다. 그만큼 자신감은 당사자에게도 기업에게도 너무나 중요하다. 우리나라 사람은 3-4명만 모여도 먼저 말하는 걸 부끄럽게 생각한다. 자신의 말이 틀릴 까봐, 남들과 다른 생각을 가졌을 까봐 또는, 실수할 까봐 먼저 말하는 걸 부끄럽고 두려워한다.

그러나 학생들을 가르치는 선생님 입장에서, 강의를 하는 강사 입장에서도 질문이나 동의를 구하는 말을 했을 때, 꿀 먹은 벙어리처럼 말하지 않는 학생보다, 틀려도 자신 있게 말하는 학생에게 더 관심과 애정이 가기 마련이다.

먼저 말한다는 것은 그만큼 남들보다 유리한 지점을 선점하는 것과 같다. 당당히 주장하고 소신 있는 행동은 생각했던 것, 그 이상으로 기대효과를 볼 수 있다. 자신 있게 그리고 당당하게 먼저 하겠다고 말하고 유리한 지점을 선점하라.

당신은 이제 이 책의 모든 내용을 보고 배웠다. 의기 소침한 모습은 부정적인 생각으로 이어지기 마련이다. 앞장에서 배웠듯이 부정적인 생각과 행동은 뇌를 기 죽이는 행동이다. 뇌를 기 죽이는 건 결국 모든 행동의 브레이크가 걸리는 것과 같다.

아무리 훌륭한 뇌를 가지고 훌륭한 생각과 습관, 그리고 행동을 하고 있다 해도 자신이 없어지기 시작하면 무너지기 시작한다. 마치 녹이 슬어 서서히 철을 잡아 먹기 시작하는 것처럼 말이다. 자신을 잃지 않기 위해서 항상 자기 스스로 격려와 긍정의 마음을 잃지 않도록 해야 한다.

책을 덮으려는
당신에게…

주말 밤의 신촌, 홍대 앞은 한 껏 멋을 부린 젊은 남녀들이 거리를 채운다. 그들 모두는 젊음을 즐긴다는 명분 아래 술과 노래, 춤으로 유흥을 즐긴다. 마치 그것이 젊음에 대한 예의인 것 마냥 아까운 젊음을 흘려 보낸다. 젊음을 즐기는 것이 나쁘다는 말은 아니다. 어떤 생각을 가지고 어떻게 즐기느냐를 두고 하는 말이다. 꿈이 없이 방황하며 그저 남들처럼 사는 대로 살겠다는 마음으로 살아간다면 꽃다운 청춘의 시간들이 무슨 의미가 있겠는가 말이다.

운동을 열심히 한 사람들의 몸은, 하나의 조각상과 같은 느낌을 준다. 잔 근육 하나 하나가 운동의 결실을 말해주듯 힘을 간직하고 있다.

우리 역시 아름다운 인생을 살아가기 위해 자신의 하고 싶은 일을 찾고, 꿈과 비전을 찾고 고민하며 끊임없이 노력해야 한다.

뇌를 바꾸는 것도 운동 몸짱을 만드는 방법과 크게 다르지 않다. 반복과 연습이다. 더 좋은 것을 내 것으로 만들기 위해서 말이다.

책에서 말하는 내용은 이미 아는 내용들 이라고, 당신은 지금쯤 나를 원망하고 있을지 모르겠다. 하지만 나 역시 그런 당신이라면 되묻고 싶다.

기본이 가장 어렵고 간직하기 어렵다. 무술의 고수는 매일 매일 연습을 게을리 하지 않는다. 무술의 고수는 기본에서 시작하고 기본으로 끝난다.

이것은 기업의 아이덴티티(정체성)와도 같다. 오직 기술만을 따르고 변화시킨다면 그 기업의 정체성은 점차 사라지고 만다. 시대 흐름을 반영한 새로운 제품들은 수없이 쏟아져 나오지만, 그 기본이 흔들리거나 정체성이 흔들리기 시작하면, 제품의 상품력은 점차 힘을 잃고 사라지기 십상이다.

가장 기본인 것을 지키고 꾸준히 단련해야 한다. 어떤 한 분야에 통달한 사람들은 항상 기본이 제일 중요하다고 입을 모아 얘기 한다.

램프 속 요정의 지니와 같이 읽는 순간, 마법처럼 뇌가 좋아지는 기적의 순간을 찾았는가? 미안하지만 그런 책은 아니다. 그런 책은

책을 덮으려는
당신에게…

전에도 없었지만 앞으로도 나오지 않는다.

　이 책은 뇌를 바꾸는데 기본을 알게 하고, 건강하게 뇌를 단련시키는 방법의 책이다. 전에는 없던 강력한 습관을 만들고 바꾸기 위해서, 뇌를 가장 최적의 상태로 만드는데 도움을 주는 책이다.

　많은 사람들이 '정신은 육체를 지배한다'고 말한다. 그만큼 우리의 정신이 육체 보다 강하다. 천재라고 불렸던 레오나르도 다빈치는 "뇌에 정신이 있다고 생각했다"라고 말했고, 의학의 아버지라 불리는 히포크라테스는 "사람의 마음(정신)은 대뇌에서 만들어 진다."라고 기록했다. 이처럼 뇌는 육체를 뛰어 넘어 정신에까지 그 영향을 미친다.

　단순히 좋은 습관만을 보고 따라 한다면 강력한 의지가 생기지 않는다. 며칠 또는 몇 달 뒤면 원래 자신의 모습으로 돌아와 육체적, 감정적 에너지 소모만 불러 온다.

　현재 자신이 가지고 있는 습관을 왜 바꿔야 하는지, 그리고 그 방법은 무엇인지 안다면 강력한 의지가 생긴다. 하지만 이것만 가지고는 부족하다.

습관을 바꿔야 하는 이유와 바꿀 방법을 생각해내는 건 뇌에서 하고 있다. 건강한 뇌는 최고의 자료로 오직 당신에게 맞는 최적의 정보를 만들어 제공 한다.

그러나 건강하지 못한 뇌는 우리가 생각이라고 말하는 모든 방법, 기억들, 다시 말해 최고 수준의 정보를 제공해주지 못한다. 결국 습관을 바꾸기 위해서 근본적으로 뇌를 바꿔야 한다. 뇌를 바꾼다면 외형만을 강조하는 습관이 아니라 근본을 바꿀 수 있게 된다.

필자는 이 땅의, 모든 이들이 좀 더 나은 자신의 삶을 위하여 뇌를 바꾸고, 생각을 바꿔, 습관을 바꾸길 바란다. 그래서 가슴 속, 깊은 곳에서 뜨겁게 꿈틀대는 꿈을 찾고 비전을 세우는 젊은 이들이 많아지길 진심으로 바란다.

누구나 변할 수 있다.
도전하고 계획하라.
눈 앞에 있는 즐거움만을 쫓지 말아라.

마시멜로 이야기를 알고 있을지 모르겠다. 오늘 즐기고 싶지만 참

책을 덮으려는
당신에게…

고 기다린다면 내일은 더 큰 즐거움이 당신을 기다리고 있다. 당신이 결정하면 뇌는 움직인다는 걸 명심하길 바란다.

끈기를 잃지 말고 책의 내용처럼 1주일 2주일 1달 간격으로 도전해라. 분명 당신은 생각하지 못할 엄청난 일들이 눈 앞에서 벌어진다.

분명히 당신의 인생은 변한다. 갑작스런 변화에 당황하지 않도록 미리 마음의 준비를 하고 있어라. 변화는 이미 시작되었다.

습관의 요요가 없는 당신을 기대하며…

Supplement

[-]

책 속의 용어 정리

가소성 plasticity

물리학에서 말하는 개념이다. 물체를 외부에서 일정한 힘을 가하면 그 물체의 형태가 변한다. 이때 처음 주었던 힘을 제거해도 물체의 변형된 형태는 그대로 유지되는 것을 말한다.

예를 들어 찰흙을 원하는 모형으로 만든 뒤, 힘을 주지 않고 그대로 놔 두면 찰흙은 변형된 그대로의 모양을 유지되는 걸 말한다.

뇌 가소성이라 함은 뇌세포와 뇌 부위가 유동적으로 변하는 걸 말한다. 즉, 물리적으로 뇌의 모양이 변하는 것이 아니라, 지속적인 정보를 뇌에 주입시키고 신경을 자극 시켜 예전과는 다른 행동 및 사고를 가질 수 있음을 의미한다.

글림프 시스템 glymphatic system

우리 몸의 쓰레기 처리반. 즉, 노폐물을 처리하는 시스템을 림프계라고 한다. 하지만 뇌에는 노폐물을 처리하는 시스템인 림프계가 존재하지 않는다. 그래서 많은 과학자들이 뇌에서 발생한 노폐물을 알아서(?) 세 포들이 처리한다고 생각했다. 그런데 네더가드 연구팀이 뇌에서 독자 적인 청소 체계가 있다는 사실을 발견했다. 이 뇌의 노폐물 처리 시스 템을 '글림프 시스템(glymphatic system)'이라고 명명한다.

뉴런 neuron

신경세포, 세포체가지돌기, 신경돌기의 구성으로, 뇌 신경망의 구조와 기능에 있어 가장 기본이 되는 신경계의 단위를 말한다. 자극과 흥분을 전달한다.

대뇌 cerebrum

대뇌를 '포유류의 뇌' 또는 '이성의 뇌'라고 부르기도 한다.

전체 뇌 무게의 80% 이상을 차지하며 좌우 두 개의 반구로 이루어져 있다. 감각 정보를 분석하고 기억을 저장하며 사고한다. 대뇌는 감정을 억누르고 합리적 결정을 하고 미래를 설계하는 일을 한다.

대뇌의 피질은 부위별로 기능이 분업화 되어 있다. 대뇌 피질 위치에 따라 전두엽, 두정엽, 측두엽, 후두엽으로 나뉜다.

대뇌피질 cerebrum cortex

대뇌의 표면을 덮고 있는 회색질의 얇은 층으로, 회백질(gray matter)과 백질(white matter)로 나뉜다. 140억개 이상의 신경세포가 모여 있는 대뇌피질은 부위에 따라 기능이 다르며 각각 기억, 집중, 사고, 언어, 각성 및 의식 등의 중요기능을 담당한다.

- **도파민** dopamine

인간의 쾌감과 감정, 마음을 갖게 만들며 뇌에서 작용하는 신경 호르몬의 절반이 도파민과 관련되어 있다. 도파민 호르몬이 부족하면, 손이 떨리고 걸음도 제대로 못 걷게 된다. 뿐만 아니라 치매를 유발하는 파킨스병이 생기게 된다. 사람의 감정 또한 둔해지게 된다. 반대로 도파민의 양이 많아지면 감정이너무 풍부해진다.

- **두정엽** parietal lobe

두정엽 부위가 손상되면, 촉각과 통각을 인식할 수도 없고 현재 자신이 지금 어디에 있는지 알 수 없게 된다. 우리가 무언가에 집중하거나 주의를 바꾸어야 할 때 두정엽이 활성화된다.

- **변연계** limbic system

측두엽의 안쪽에 있다. 보통 귀 위쪽 방향에 위치해 있으며 감정, 행동, 동기부여, 후각, 기억 조절 기능을 한다. 뿐만 아니라 무의식적인 기능인 혈압, 심박, 소화작용 등의 신체적 기능 조절을 한다.

- **수상돌기** dendrite

신경세포체에서 뻗어 나온 나뭇가지처럼 나눠지며 벌어지는 구조로 다른 신경 세포로부터 신호를 받는 기능을 한다.

시냅스 synapse

뉴런과 뉴런의 접속 부위를 시냅스라 한다. 즉, 뉴런과 뉴런을 연결 하는 고리를 말하며 신경계에서 일어나는 모든 정보 처리 작업이 시냅스를 통해서 이루어진다.

시각 피질 visual cortex

시각 정보를 처리하는 신피질 영역으로 후두엽에 해당한다. 인간이 처리하는 감각정보의 80% 정도는 시각이 차지하고 있다.

시각 피질이 손상되면 실제로 눈은 이상이 없어도 사물이 정상으로 보이지 않는다. 아무것도 보이지 않는 다거나 보인다 해도 그것에 대해 제대로 인식을 못하게 된다.

세로토닌 serotonin

폭력, 충동, 중독, 폭식 등의 극단적인 행동을 조절해주며 집중, 기억력, 창조성을 조절하는 기능을 하며 행복전달물질이라고도 불린다. 또한 세로토닌은 부교감신경을 활성화하기 때문에 심박수, 혈압, 호흡수가 안정되고 생기와 의욕, 편안함을 느끼게 된다. 세로토닌을 조금 더 늘리는 방법은 화창한 날 산책, 또는 조깅 등으로 늘릴 수 있다.

책 속의 용어 정리

소뇌 cerebellum

대뇌의 뒤쪽 아랫부분에 있으며 뇌의 다른 어떤 부위보다도 소뇌에 더 많은 뉴런이 있다. 소뇌는 자세와 균형을 유지하고, 여러 근육이 효과적으로 움직일 수 있도록 통제하는 기능을 한다.

소뇌가 손상되면 스스로 운동하는 것 자체가 불가능하지는 않으나 정교하고 세밀한 운동을 하는 것. 즉, 근육들과의 협동운동이 원활하게 이뤄지지 않아 정확한 운동을 하기 어렵다. 악기를 다루거나 정교한 운동 기술을 익힐때도 소뇌의 도움이 절대적으로 필요하다.

전전두피질 prefrontal cortex

연합피질이라고도 불리며 전두엽의 가장 넓은 부위를 차지하고 있으며 사람을 사람답게 만들어주는 부위이다. 정보를 취합해서 수준 높은 정신 활동과 사고하며 행동하게 만들어주는 부위이다.

전두엽 frontal lobe

두뇌의 앞부분에서 정수리에 위치하고 있다. 사고력을 주관하고, 행동을 조절하며 판단력, 감정조절과 집중력 조정, 기획 능력, 기억력 등을 일을 한다. 자유롭게 활동하고, 추억하고, 꿈과 미래를 계획하게 하며 우리가 일에 집중하게 만든다. 또, 어제의 실수를 반성하고 선택하여 결정하게 한다.

전전두엽 prefrontal lobe

뇌의 총책임자로 불리는 전전두엽은 전두엽 중에서도 머리의 이마 앞 부분에 해당한다. 계획, 예측, 목표 설정의 기능을 하며 그리고 감독 역할을 하는 CEO와 같다. 전전두엽은 전략적 차원의 기능을 수행하여 규칙과 목표를 정하고 이것을 따른다.

또한 일들이 계획대로 진행되지 않거나 조정이 필요하다고 느껴질 때 전체를 다시 조정하는 역할을 수행한다. 한마디로 복잡한 생각들을 정리하며 현재와 미래의 각종 상황을 비표 판단해 사람의 행동을 통제한다.

중추신경계 Central nervous system

중추신경계는 뼈의 보호를 받고 있으며, 두개골과 척추 안에 있는 신경들을 말한다. 대뇌, 소뇌, 뇌간, 척수 등 이 중추신경계에 포함된다.

테스토스테론 Testosterone

남성을 대표하는 강력한 호르몬 중 하나로 대부분 고환에서 만들어 진다. 남성의 성기 발육을 촉진과 남성의 제2차 성징을 돕고, 근육이나 뼈의 발육을 돕는다.

여성이라고해서 테스토스테론 호르몬이 없는것이 아니다. 남성보다는 적고, 여성의 난소와 부신에서 만들어 지고 있다.

운동피질 Motor Cortex

운동피질은 몸의 운동기능을 담당하게 되는데 근육의 움직임을 통해 원하는 활동을 수행하게 된다. 뇌의 왼쪽 부위의 운동피질은 몸의 오른쪽 부위를 담당하고, 오른쪽 부위에 운동피질은 몸의 왼쪽 부위를 담당한다.

우리가 작은 물건을 들어 올리는 것도 이러한 운동피질의 역할을 통해 이루어지게 된다. 손가락을 움직이는 작은 동작에서부터 앉거나 몸을 구루는 큰 동작에 까지 시작부터 행동으로 이어지는 연속동작 모두를 관할하게 되며 정상적인 활동을 위한 근육의 수축도 운동 피질의 통제를 받는다.

운동 중추

우리 몸이 움직이고 활동할 수 있도록 필요한 특정 부분의 근육이 움직이고 동작하게 한다.

아세틸콜린 acetylcholine

꿈을 꾸게 될 때 많이 분비되며 사람이 기억을 하기 위해서 꼭 필요한 신경전달 물질이다. 만약 아세틸콜린의 생산이 적어지면 우리 뇌의 심각한 기억손상을 가져올 수 있다.

엔도르핀 endorphine

엔돌핀 이라고도 하며 뇌가 만든 천연 마약이라고 불린다. 모르핀보다
1백 배 이상의 강력한 효과를 내는 엔도르핀은 스트레스를 받을 때는
증가되나 즐거울 때는 억제된다. 엔도르핀은 편안한 상태로 유지와 통
증을 없애주는 강력한 진통제와 같은 역할을 한다.

측두엽 temporal lobe

귀 바로 윗부분의 양쪽에는 부근에 있고 청각 정보의 처리를 담당하고
있다. 측두엽이 손상되면 실제로 청각기관에 아무 문제가 없더라도 우
리가 들었던 모든 청각정보가 뇌에서 올바로 처리되지 않는다. 예를들
어 자동차의 경적소리나 음악을 들을 때도 소리가 들린다는 걸 알지만,
그 소리가 어떤 소리인지 구체적인 정보를 파악하는데 어려움을 느낀
다. 측두엽은 시각정보 처리에도 영향을 주며, 손상되면 사물을 제대로
인식을 못하게 되며 사람의 얼굴을 알아보는 것도 힘들게 된다.

후두엽 occipital lobe

뇌의 뒤쪽 중심에 위치해 있으며 시각 정보를 분석하고 통합하는 역할을
한다. 후두엽이 손상되면 물체를 봐도 보고 있는 그것이 무엇인지 정확하
게 알지 못한다. 다시 말해 시각적 인지 불능(visual agnosia) 상태가 되며, 사
과 나무를 보고 있어도 그것이 사과(열매)인지, 나무인지 알지 못한다.

책 속의 용어 정리

해마 hippocampus

해마는 측두엽 안에 자리 잡고 있으며 학습과 새로운 사실 등의 정보 저장 및 기억을 담당한다.

다시 말하자면 도시의 복잡한 도로를 구석 구석을 알고 있다거나 어제 친구와 나눴던 이야기들을 기억하는 일을 한다. 만약 과음해서 어제 술값을 누가 냈는지 기억이 나지 않는다면 알코올로 인해 해마가 제 역할을 하지 못했기 때문이다.

측좌핵 nucleus accumbens

쾌락의 중추라고도 불리는 측좌핵은 행동 및 학습의 동기를 유발하는 뇌 부위로 학습에 절대적으로 필요한 부위다.

창의성을 유발하는 뇌 부위이기도 하며 베르나르 베르베르(Bernard Werber) 소설 '뇌'에서 핀처 박사가 말한 은밀한 동기의 근원지가 바로 측좌핵이다.

우리가 알고 있는 마약 중도, 알콜 중독, 도박 중독, 게임 중독은 바로 이 측좌핵이 계속적으로 쾌락을 추구하기 때문에 일어나는 증상이라고 볼 수 있다.

코티졸 cortisol

코티졸 또는 코르티솔이라고 불리는 이 호르몬은 스트레스에 반응해 분비되는 물질이다.

스트레스에 대항하는 신체에 필요한 에너지를 공급해 주는 역할을 한다. 스트레스가 지속되면 비만, 고혈압, 당뇨, 피로, 우울증, 기분저하, 성욕감퇴 등이 생길 수 있다.

스테로이드의 또 다른 이름이 바로 코르티솔을 의미한다.

피질 cortex

동·식물의 몸 속 기관 가운데 겉의 층을 피질이라 한다.

편도체 amygdala

정서 기억 및 공포, 감정 조절, 학습을 기억하고 저장한다. 편도체가 손상되면 두려움을 느끼지 않거나 공격적이게 된다. 또, 화(Angry)를 내거나 겁(Fear)을 내고 있는 상대의 표정을 알아내지 못한다.

당신의 뇌를
코칭하라

초판발행일 | 2016년 2월 5일

지 은 이 | 추교진
펴 낸 이 | 배수현
디 자 인 | 박수정
제   작 | 송재호

펴 낸 곳 | 가나북스 www.gnbooks.co.kr
출 판 등 록 | 제393-2009-000012호
전   화 | 031) 408-8811(代)
팩   스 | 031) 501-8811

ISBN 979-11-86562-18-5(03190)

※ 가격은 뒤 표지에 있습니다.

※ 잘못된 책은 구입하신 곳에서 교환해 드립니다.

Reference book
참고도서

〈교양으로 읽는 뇌과학〉 이케가야 유지 | 은행나무

〈길이 없으면 길을 만들며 간다〉 정인영 | 알에이치코리아

〈기대를 현실로 바꾸는 혼자 있는 시간의 힘〉 사이토 다카시 | 위즈덤하우스

〈계속해서 실패하라 그것이 성공에 이르는 길이다〉 제임스 다이슨 | 미래사

〈꿈꾸는 다락방1,2〉 이지성 | 국일미디어

〈노는 만큼 성공한다〉 김정운 | 북이십일 21세기북스

〈뇌속의 신체지도〉 샌드라 블레이크슬리, 매슈 블레이크슬리 | 이다미디어

〈뇌를 알면 행복이 보인다〉 이승헌, 신희섭 | 한국문화멀티미디어

〈뇌 인간을 읽다〉 마이클 코벌리스 | 반니

〈뇌 과학〉 니콜라우스 뉘첼, 위르겐 안드리히 | 비룡소

〈뇌〉 베르나르 베르베르 | 열린책들

〈당신의 뇌를 경영하라〉 김병완

〈똑똑한 식스팩〉 이미도 | 디자인하우스

〈리딩으로 리드하라〉 이지성 | 문학동네

〈마인드 맵북〉 토니 부잔, 배리 부잔 | 한국물가정보

〈CEO, 책에서 성공을 훔치다〉 최종옥 | 북코스모스

〈시련은 있어도 실패는 없다〉 정주영 | 제삼기획

〈스토리를 팔아라〉 김창국 | 21세기북스

〈실행이 답이다〉 이민규 | 더난콘텐츠그룹

〈이재용의 제로베이스 리더십〉 김병완 | 미다스북스

〈1일 30분〉 후루이치 유키오 | 이레 출판

〈WHO 손정의〉 이숙자 | 다산어린이

Reference book
참고도서

〈뇌는 답을 알고 있다〉 대니얼 G. 에이멘 | 부키

〈13+1의 기적〉 빅 존슨 | 유노북스

〈사회적 부를 창출하는 경영인〉 이태진 | 다산교육

〈손과 뇌〉 구보타 기소우 | 바다출판사

〈The Little Big Think〉 톰 피터스 | 더난출판사

〈공부의 힘〉 황농문 | 위즈덤하우스

〈일 잘하는 사람 일 못하는 사람〉 호리바 마사오 | 오늘의책